COLLECTION
FOLIO BILINGUE

James Joyce

A Painful Case
Un cas douloureux

The Dead
Les morts

*Traduit de l'anglais (Irlande),
préfacé et annoté
par Jacques Aubert*

Gallimard

Les deux textes proposés sont extraits du recueil intitulé
Dublinois
(traduction de Jacques Aubert, Folio n° 2439).

© *Éditions Gallimard, 1974 et 2013, pour la présente édition.*

PRÉFACE

Lorsque dans l'été de 1904, James Joyce, alors âgé de vingt-deux ans, s'engage dans la composition des nouvelles qui devaient être publiées dix ans plus tard dans le recueil Dubliners, *il a déjà produit les premiers chapitres d'une autobiographie[1], et un certain nombre de poèmes, dont plusieurs ont été publiés dans des revues. Ce nouveau type d'écriture a une origine en apparence fortuite, celle d'une commande, que lui passe un curieux homme de lettres de Dublin, George Russell, plus connu sous le pseudonyme de «Æ», passionné également de théosophie et d'économie coopérative et rurale; et c'est précisément en tant que rédacteur en chef de sa revue agricole* The Irish Homestead *qu'il écrit à Joyce en juillet 1904: «Cher Joyce. Lisez la nouvelle de ce journal,* The Irish Homestead. *Pourriez-vous écrire quelque chose de simple, rural, vivifiant, pathétique, propre à ne pas scandaliser les lecteurs? Si vous envoyez une courte nouvelle d'environ 1 800 mots, le rédacteur en chef vous don-*

---

1. Au début de l'année, un court essai, *Portrait of the Artist*, refusé par une revue dublinoise, a été le point de départ d'un roman, *Stephen Hero*, ultérieurement abandonné, et finalement récrit pour devenir *A Portrait of the Artist as a Young Man*.

nera une livre. C'est de l'argent vite gagné si vous écrivez facilement et ne voyez pas d'objection à flatter les esprits et les goûts ordinaires pour une fois. Vous pouvez prendre n'importe quel pseudonyme […]. » Joyce accepte, et dès le début envisage dix nouvelles; mais seules les trois premières seront acceptées («Les sœurs» en août, «Eveline» en septembre, et «Après la course» en décembre).

Cet échec relatif le libérera et transformera l'affaire en une aventure. D'abord en ce sens qu'il ne cessera d'ajouter des nouvelles à son manuscrit, chaque fois prétendument terminé : il en est à douze en octobre 1905, treize, puis quatorze en 1906, avant de clore définitivement le recueil avec une quinzième, «Les morts», pendant l'été de 1907. Ce flottement est également sensible lorsqu'il évoque un «Ulysse à Dublin», nouvelle sur laquelle il aurait pu conclure (on sait qu'il développera cette idée dans son grand roman, publié en 1922).

Un projet réaliste ?

Mais c'est aussi qu'il est, de façon plus ou moins consciente, engagé dans la recherche d'une écriture originale, sur laquelle nous possédons un faisceau de témoignages ou d'aveux parfois difficiles à trier et à commenter. Ceux qui paraissent les plus directs, et qui sont d'ailleurs les plus utilisés par la critique, sont tirés de sa correspondance avec l'éditeur Grant Richards, avec lequel il négocia longuement dans les années 1905-1906. Il en ressort qu'il envisageait son recueil comme «un chapitre de l'histoire morale de [son] pays». Il s'agissait pour lui, non seulement de «présenter au monde Dublin», cette «capitale», «septième ville de la Chrétienté», mais

encore ses habitants : mieux, de présenter ses habitants à eux-mêmes, de leur présenter un miroir propre à les faire se mieux connaître, dans ce qu'il considère leurs faiblesses, ou même leur turpitude, et en définitive d'aboutir, pour reprendre ses propres termes, à la « libération spirituelle de [son] pays ». Ce projet d'ensemble reposait sur un diagnostic : Dublin est une ville frappée de paralysie. Le terme et l'idée, présents dès la première nouvelle avec la figure du vieux prêtre frappé d'hémiplégie, reviennent constamment dans sa correspondance ; il ajoute même, à en croire le témoignage de son frère dans son journal intime, que cette paralysie est le résultat d'une « syphilisation » (Joyce fera ce jeu de mots dans Ulysse) générale de la société. En quoi Joyce ne manifeste pas une bien grande originalité : une telle ligne directrice évoque pour nous Émile Zola et ses thèses sur l'hérédité, telles que les illustre, par exemple, Les Rougon-Macquart. *La mode européenne tout entière, d'ailleurs, était à ce type d'interprétation, vulgarisé dans l'un des best-sellers de l'époque, le* Dégénérescence *de Max Nordau, traduit au cours des années 1890 dans toutes les langues d'Europe, dans lequel l'art et la littérature modernes, présentés sous l'angle de la pathologie, étaient mis au pilori.*

C'est pourtant à cette même époque que Joyce dira à quelques confidents : le pire qui puisse lui arriver est d'être qualifié de « Zola irlandais ». Comment peut-on envisager cette contradiction apparente ? Cette expression d'« histoire morale » qui est la sienne, et qu'il utilise à plusieurs reprises, est de nature à rendre sa position plus claire. Il est de fait qu'on peut le présenter comme un moraliste, portant jugement sur la société dont il est un membre, et qu'il entend bien, de la sorte, par son tableau de mœurs même, amender. À l'entendre, ce tableau peut

être entendu en un sens moins pictural que scientifique[1] : il s'agit en effet, à l'entendre, de prendre pour sujet les différentes phases du développement individuel, et les différents aspects de la réalité sociale, et d'en faire la clinique.

Mais de quelle science, au juste, s'agit-il ? Quel en est l'objet ? Et quelle en est la méthode ? Cet objet, en dernier ressort, peut être présenté comme le fruit de la rencontre incongrue de Joyce avec Russell, rencontre dont l'effet de surprise, quasi paradoxal, va se propager et se développer dans l'écriture de ce qui devint un recueil. Rappelons-nous les termes de la lettre d'invitation : « quelque chose de simple, rural, vivifiant, pathétique ». Cet Irish Homestead s'adressait effectivement à un public rural, celui surtout des coopératives en cours de formation, qu'il s'agissait certes d'éduquer, mais dans lequel l'idéologie de l'époque voyait le dépositaire des valeurs les plus intangibles de la race, et donc de la nation à venir : idéologie dont Joyce, à cette époque, faisait la critique féroce. Il est loisible de penser qu'il n'a pas accepté l'offre de Russell seulement par intérêt pour « de l'argent vite gagné », sans quoi, d'ailleurs, il n'aurait pas poursuivi son travail au-delà des trois ou quatre premières nouvelles. Le « fer de sa plume », pour reprendre une expression qu'il utilisera plus tard en l'associant au scalpel du chirurgien ou du vivisecteur, il va le porter, et le retourner au cœur, dans la chair même de cette idéologie. Du coup, Dublin, la cité, va pouvoir être l'envers, le négatif, et, à un niveau supérieur, le révélateur, ou, pour changer la métaphore,

---

[1]. Son frère, dans son journal autant que dans ses souvenirs, rappelle à plusieurs reprises que James se voulait scientifique par sa méthode.

le point obscur de l'idéologie de la société irlandaise, dont les présupposés idéalisants, et de ce fait les pratiques dévoyées, soutenues par un catholicisme trop souvent peu regardant[1], *engorgent les habitants; et le «pathétique» dont parlait Russell devient la souffrance et la maladie, plus ou moins insues, dont souffrent ses habitants, et que Joyce désigne sous le terme générique de «paralysie». Joyce, en acceptant de jouer le jeu, va peu à peu en découvrir les vrais enjeux.*

C'est ici, de ce fait, que va naître pour lui, dans la méthode qu'il choisit, une difficulté insoupçonnée. La vivisection en question, qu'il décrit alors, après Claude Bernard et Zola, comme la méthode scientifique moderne par excellence, cette vivisection, et le geste qu'elle suppose, n'est pas sans impliquer, en même temps que son objet, sa propre subjectivité. N'est-il pas lui-même l'un de ces habitants de la cité? Leur pathétique, leur souffrance ne sont-ils pas de quelque manière les siens? Une fêlure est vite repérable: lorsqu'il parle des différents stades (enfance, adolescence, etc.) du développement individuel, de quelle enfance, de quelle adolescence parle-t-il? Au détour d'une phrase, un lapsus laisse percer l'équivoque: s'il dit à son éditeur qu'il a tenté de «présenter Dublin à un public indifférent sous quatre de ses aspects: enfance, adolescence, maturité et vie publique[2]*», il a écrit quelques mois plus tôt à son frère: «L'ordre des histoires [stories] est le suivant: "Les sœurs", "Une rencontre" et une autre histoire, qui sont des histoires de mon [sic] enfance; "La pension de famille", "Après la course"*

---

1. On pense particulièrement à son indulgence pour les usuriers, ou pour l'alcoolisme, préférable à ses yeux, en dépit des malheurs qu'il entraîne, au péché de la chair.
2. Lettre à Grant Richards du 5 mai 1906.

et *"Eveline"*, qui sont des histoires de l'adolescence ; *"Argile"*, *"Contreparties"*, et *"Un cas douloureux"*, qui sont des histoires de la maturité ; *"Ivy-Day dans la salle des commissions"*, *"Une mère"* et la dernière histoire du livre, qui portent sur la vie publique de Dublin[1]. »

Vers un art de l'écoute

« *Mon enfance* » : il est de fait que cette analyse des signes de la cité, cette sémiologie clinique de Dublin, repose sur un témoignage personnel ; et l'on sait maintenant que la quasi-totalité des nouvelles reposent soit sur des souvenirs d'expériences personnelles, soit sur des incidents ou des récits rapportés par des proches, essentiellement son père et son frère. Il ne cesse de le répéter pour sa défense : il lui est impossible de modifier son texte pour complaire à ceux qui redoutent un procès pour « indécence » ou autre délit d'écriture (une allusion, au demeurant bénigne, au souverain, ou la mention de pubs réels de la ville). « *J'ai écrit la plus grande partie [de ce chapitre de l'histoire morale de mon pays] dans un style d'une scrupuleuse platitude [scrupulous meanness], avec la conviction qu'il faudrait être très audacieux pour oser transformer la présentation de ce qu'on a vu et entendu — encore plus pour la déformer. Je ne peux faire davantage. Il m'est impossible d'altérer ce que j'ai écrit*[2]. » Cet « entendu » pèse lourd. Il prolonge, commente, éclaire le « vu » du témoignage énoncé dans sa forme traditionnelle. Il rejoint en effet, et permet de mieux comprendre, le

---

1. Lettre à Stanislaus Joyce de septembre 1905.
2. Lettre à Grant Richards du 5 mai 1906.

recours de Joyce à l'image de la paralysie : avec elle, avec son évocation de l'aphasie qui l'accompagne, Joyce tente de restituer son expérience d'un langage perçu comme empêché, bloqué, balbutiant. Le sujet humain (sujet en tous les sens du terme, clinique aussi bien qu'artistique ou scientifique) est présenté dans ce que sa voix, son énonciation offre de vérité dans ses ratés mêmes. Encore fallait-il tirer les conséquences de ce choix de l'écoute, et de la voix qui s'y manifeste.

Aussi convient-il de s'interroger sur ce « voir » qui n'est pas aussi pur que le préjugé réaliste pourrait le laisser croire, mais toujours à mettre en rapport avec d'autres sensations : l'ouïe, ou, pourquoi pas, l'odorat, ainsi que l'auteur l'écrit à Grant Richards : « Ce n'est pas ma faute si une odeur de fosse aux cendres, de vieilles herbes folles et de détritus flotte autour de mes histoires. Je crois sérieusement que vous retarderez le cours de la civilisation en Irlande si vous empêchez les Irlandais de bien se regarder dans le miroir que j'ai soigneusement poli pour eux[1]*. » Voir, entendre, mais aussi sentir, et, faisant entendre et faisant sentir, changer en profondeur le regard du lecteur : faire qu'il se regarde lui-même et se découvre autre qu'il ne croyait, entr'aperçoive à quel point son regard fantasmait le réel.*

*

Les deux nouvelles que nous avons choisies pour représenter Dublinois *dans ce volume sont significatives du parcours que nous venons brièvement d'esquisser. Un parcours qui est combat avec le sens autant, sinon plus,*

---

1. Lettre du 23 juin 1906.

que témoignage sur les sens[1]. *Un sens à la fois un et multiple, à la fois évident dans l'expérience de l'auteur, et pourtant singulièrement difficile d'accès, et non moins rebelle à la transmission. Un parcours qui, inconsciemment sans doute, devait aboutir à situer l'auteur et son objet à la bonne distance l'un de l'autre.*

Joyce n'aimait pas particulièrement « Un cas douloureux », qui lui avait donné beaucoup de mal. Ce n'est pas véritablement surprenant. Il lui avait fallu, à l'âge d'environ vingt-quatre ans, écrire une histoire de maturité plutôt ratée, et le faire à partir de ce qui était le plus proche dans son expérience. Son héros, nous le signalons au passage, possède plus d'un de ses traits personnels. Comme lui, il privilégie l'intellect, auquel il voudrait soumettre son existence. Comme lui, par ailleurs, il a un certain faible pour la pensée de Nietzsche, entendue dans un sens assez étroit et réducteur, celui que nombre de ses contemporains tendaient à lui donner. Bref, il ne se dégage pas vraiment d'une visée marquée par l'idéalisme et soumise au ressentiment.

La distance s'introduit quelque peu avec les traits empruntés à son frère Stanislaus, celui qu'il appelait « ma pierre à aiguiser » : assez monolithique et obtus pour lui servir de repoussoir et de faire-valoir; on est tenté de dire, détournant un terme inventé et illustré par Henry James, de focalisateur. Cette distance focale[2] *l'amène à*

---

1. Lettre à Grant Richards du 15 octobre 1905 : « L'expression "Dublinois" me semble avoir un sens ; je doute qu'on puisse en dire autant de "Londonien" et de "Parisien", que des écrivains ont pris pour titres. »

2. Rappelons au passage que Joyce mentionne « l'art de la photographie » dans la nouvelle « La grâce », et aussi qu'il consacra beaucoup d'efforts à ouvrir deux cinémas à Dublin à peine quelques années plus tard.

réduire Dublin à la fonction d'un fond sur lequel se déroule le drame central: comment le ressentiment, le sentiment dévoyé, peut tuer ce qui fait la vraie vie, c'est-à-dire l'amour[1]. *Tuer son objet, l'objet d'amour, tuer aussi, d'une autre mort, celui qui ne savait pas qu'il était mort déjà de quelque manière, celui qui a voulu s'approprier la maîtrise des «valeurs», qui a voulu les énoncer et les enfermer dans ses aphorismes... On voit par là, et jusque dans l'évocation des maladies de l'esprit (celle de Mr Duffy comme celle de Mrs Sinico), que la leçon nietzschéenne, après tout, n'a pas été totalement perdue.*

Une autre leçon mérite ici d'être relevée: les aphorismes de Mr Duffy sont bien peu nietzschéens dans leur conception. Ils clôturent une morale plutôt qu'ils n'ouvrent à une réévaluation, et constituent ainsi une écriture sans effet possible. Paradoxalement, c'est l'écriture d'ordinaire méprisée du journal, d'un bout de journal, qui a ici toute son efficacité. On peut le comprendre: cette écriture ne prétend à rien, surtout lorsqu'elle est celle du fait divers, du déchet. C'est aussi, du coup, qu'elle est déjà écriture de l'infime, de la rencontre, de ce qui peut être manqué. Et en définitive, de toute lecture. Celle-ci n'est-elle pas, comme l'étymologie l'indique, cueillette en cours, choix à jamais inachevé ? Cette présence active, au cœur de la nouvelle, en son point crucial, de la lecture d'un petit bout de réel dans l'écriture, annonce déjà, en creux, tout un pan de la recherche de Joyce dans Ulysse.

La leçon était rude, déplaisante. Celle qui devait donner naissance aux «Morts», et ponctuer, enfin, cette phase de la recherche de James Joyce, ne le fut pas moins.

---

1. Ce sera là, plus tard, la leçon que propose le Leopold Bloom d'*Ulysse*.

En 1906, il avait quitté Trieste pour Rome, espérant y trouver ce que la demi-capitale d'une marche de l'Empire austro-hongrois aux langues et aux cultures multiples ne lui avait pas offert. On a vu que Dublin, pour lui, était une authentique capitale, le siège suprême d'une culture, de ses facultés supérieures : d'où, d'ailleurs, la métaphore de l'hémiplégie, en ce qu'elle désignait un raté de cette fonction et de son fonctionnement. Il ne fait pas de doute que l'aventure romaine ait été inspirée par le désir de déchiffrer dans Rome, d'un même coup, à la fois le sens ultime de cette culture italienne qui le fascinait depuis longtemps, et plus encore sans doute celui de la Ville éternelle, du centre nerveux de cette Église à laquelle l'enchaînait un amour haineux.

Mais tout se passe comme si Joyce avait été, là, atteint dans sa chair. Car c'est là que va se conclure cet effort pour comprendre engagé en 1904 avec l'écriture des premières nouvelles. Comprendre quoi, enfin ? Précisément, il va enfin le savoir : ce sera Dublin en même temps que Rome. Non pas, justement, un Dublin anecdotique, pittoresque, mais ce qui, par-delà cette couleur locale, constitue sa vraie vie : la ville en tant que culture, système de relations, réseau symbolique ordonné par le désir, par la Loi, par le plein exercice du langage. Il remet en question, et du coup place à la bonne distance, sa propre vision de son pays : « Parfois, quand je pense à l'Irlande, il me semble avoir été inutilement dur. Je n'ai représenté (au moins dans Dublinois*) aucun des attraits de cette ville ; or je ne me suis jamais senti bien dans aucune ville, sauf Paris, depuis que je l'ai quittée. Je n'ai pas décrit son insularité candide, ni son hospitalité. Cette dernière "vertu", autant que je sache, n'existe nulle part ailleurs en Europe. Je n'ai pas rendu justice à sa beauté :*

car l'Irlande est plus naturellement belle, à mon avis, que ce que j'ai vu d'Angleterre, de Suisse, de France, d'Autriche ou d'Italie[1]. » On voit que si l'aventure romaine fut un échec total sur tous les plans : humain, financier, personnel, elle ne fut pas sans quelque bénéfice. Il y rencontra une hémiplégie et une aphasie pires que celles de Dublin. Et c'est de retour à Trieste au printemps de 1907 que s'élabora peu à peu sa palinodie. Il a été injuste vis-à-vis de sa ville natale, comprend mieux son hospitalité, et en même temps sa beauté. Il va explorer, dans ce dernier texte, ce qui est silencieusement présent derrière les éclats de voix conviviaux, la leçon de l'accueil, de tout accueil. Il y a les phrases, toutes faites, ou bien celles, trop bien polies, des discours de circonstance. Mais même à travers celles-ci, quelque émotion peut passer, quelque chose se trahir, ou donner matière à trahison, des enjeux présents dans toute rencontre, fût-elle convenue. Cette soirée n'est pas tout à fait comme une autre. La première partie de la nouvelle nous le donne à entendre. Comme toutes les autres, certes, elle rassemble des êtres et des sentiments hétéroclites. Mais il s'y révèle peu à peu, à travers diverses nostalgies qui se croisent, tels les danseurs du quadrille, diverses souffrances du souvenir. Et ce que peut signifier le souvenir, ce peut être bien sûr l'anecdote familiale qui ne fait rire que la famille, mais aussi bien l'émotion que la mention même d'un nom de ténor fait surgir chez une vieille dame.

C'est ainsi que se prépare la dernière partie de la nouvelle, où est mis en scène le pathétique de l'expérience humaine : ce qui, en elle, affecte le sujet de façon aussi inattendue qu'intense, le foudroie. S'il avait pu être « à

1. Lettre à Stanislaus Joyce du 25 septembre 1906.

distance de son corps », comme le voulait Mr Duffy, ou, d'une autre façon, le Gabriel du début du récit, il lui est révélé que son destin est d'être au bord d'un au-delà. Peu à peu s'est affirmée, là encore sur un fond banal, la mise au point, la focalisation finale sur le réel, sur l'oubli qui l'enveloppe. Un réel surgit d'un écho de voix, d'un reste de voix : celui d'un ténor enroué qui vient faire revivre celui d'un jeune phtisique au bord de la tombe. Un reste qui est, comme l'étymologie nous l'enseigne, comme le rest anglais nous le rappelle dans son équivoque, repos, pour de bon.

Jacques Aubert

REPÈRES BIOGRAPHIQUES

1882 : naissance à Dublin le 2 février.
1888-1902 : études dans divers établissements de la Compagnie de Jésus, qui s'achèvent par une licence d'italien à University College, Dublin.
1902-1903 : séjour de quelques mois à Paris, interrompu par l'annonce de la mort de sa mère.
1903 : abandon d'un projet d'études médicales. Série de comptes rendus dans des journaux.
1904 : au début de l'année, Joyce commence une sorte d'autobiographie. Premiers poèmes publiés au printemps dans diverses revues. Le 16 juin, jour du premier rendez-vous avec Nora Barnacle, la compagne de sa vie, sera immortalisé dans *Ulysse*. Pendant l'été, rédaction et publication des premières nouvelles de *Dubliners* [*Dublinois*]. En octobre, départ définitif de Dublin, en compagnie de Nora.
1905-1915 : séjour à Trieste, où naîtront ses deux enfants, Giorgio en 1905, Lucia en 1907. C'est là qu'il achève la rédaction des nouvelles de *Dublinois*, reprend celle de son autobiographie, et compose quelques poèmes, tout en ensei-

gnant l'anglais. En 1907, publication de *Musique de chambre*, son premier recueil de poèmes. En 1914, le 2 février, début de la publication dans la revue anglaise *The Egoist* du *Portrait of the Artist as a Young Man*; en juin, après de longs démêlés avec divers éditeurs, c'est le tour de *Dubliners*. Au printemps, début de la composition d'une pièce de théâtre, *Les Exilés*, qui ne sera publiée qu'en 1918.

1915-1919 : la guerre contraint les Joyce à séjourner à Zurich, où il se consacre à la composition d'*Ulysse*.

1920 : après quelques mois à Trieste, les Joyce arrivent à Paris au début de juillet. James y achèvera *Ulysse*, publié le 2 février 1922.

1923-1939 : dès 1923, il se lance dans la composition de *Work in Progress*, publié en fragments dans diverses revues avant de voir le jour sous le titre de *Finnegans Wake* en 1939. En 1932, naissance de son petit-fils Stephen James Joyce, au lendemain de la mort de son père John Stanislaus ; les deux événements sont célébrés dans le poème « Ecce Puer ».

1940 : à la fin de l'année, les Joyce sont contraints de quitter la France pour Zurich, où l'écrivain meurt quelques semaines plus tard, le 13 janvier 1941.

Avertissement

Les règles typographiques en vigueur pour l'anglais ont conduit à faire usage de guillemets (à l'anglaise) dans les dialogues. Le lecteur français doit néanmoins savoir que Joyce était hostile à cet emploi, et a d'ailleurs été suivi en cela par certains écrivains. On saisira qu'il ne s'agissait pas d'une simple fantaisie : il lui répugnait manifestement de distinguer, dans sa perception du monde et dans la représentation qu'il en donnait, les paroles et la «réalité».

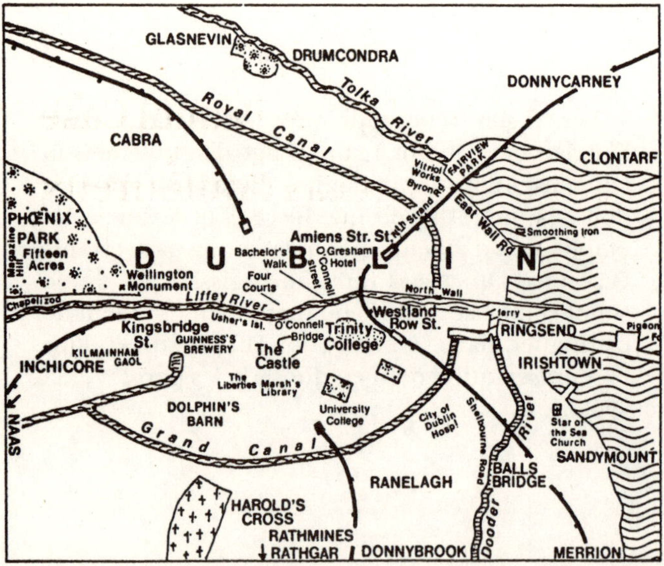
GLASNEVIN
DRUMCONDRA
DONNYCARNEY
Tolka River
Royal Canal
CABRA
CLONTARF
FAIRVIEW PARK
Vitriol Works
Byron
Nth Strand Rd
East Wall Rd
Smoothing Iron
PHŒNIX PARK
Fifteen Acres
Magazine Hill
D U B L I N
Amiens Str. St.
Bachelor's Walk
O'Connell street
Gresham Hotel
Four Courts
Wellington Monument
Chapelizod
Liffey River
North Wall
Westland Row St.
ferry
RINGSEND
Usher's Isl.
O'Connell Bridge
Kingsbridge St.
GUINNESS'S BREWERY
KILMAINHAM GAOL
INCHICORE
The Castle
Trinity College
IRISHTOWN
The Liberties
Marsh's Library
DOLPHIN'S BARN
University College
City of Dublin Hospl
Shelbourne Road
River
Star of the Sea Church
SANDYMOUNT
NAAS
Grand Canal
BALLS BRIDGE
RANELAGH
HAROLD'S CROSS
RATHMINES
RATHGAR
DONNYBROOK
Dodder
MERRION

A Painful Case
Un cas douloureux

A PAINFUL CASE

Mr James Duffy lived in Chapelizod because he wished to live as far as possible from the city of which he was a citizen and because he found all the other suburbs of Dublin mean, modern and pretentious. He lived in an old sombre house and from his windows he could look into the disused distillery or upwards along the shallow river on which Dublin is built. The lofty walls of his uncarpeted room were free from pictures. He had himself bought every article of furniture in the room: a black iron bedstead, an iron washstand, four cane chairs, a clothesrack, a coalscuttle, a fender and irons and a square table on which lay a double desk. A bookcase had been made in an alcove by means of shelves of white wood.

---

1. Ce nom n'est pas rare en Irlande. La suite de l'histoire donne un certain poids à la remarque selon laquelle en argot il peut signifier «fantôme, esprit».
2. Banlieue ouest de Dublin, au-delà de Phoenix Park, le grand parc de Dublin. D'après la tradition, ce nom serait une

UN CAS DOULOUREUX

Mr James Duffy[1] habitait Chapelizod[2] parce qu'il souhaitait vivre aussi loin que possible de la ville dont il était le citoyen et parce qu'il trouvait tous les autres faubourgs de Dublin mesquins, modernes et prétentieux. Il habitait une vieille maison sombre et de ses fenêtres son regard pouvait plonger dans la distillerie[3] désaffectée ou remonter la maigre rivière sur laquelle Dublin est construite. Les très hauts murs de sa chambre dépourvue de tapis n'étaient pas encombrés de tableaux. Il avait acheté lui-même chaque article d'ameublement de cette pièce : un lit de fer noir, une table de toilette en fer, quatre chaises cannées, un porte-vêtements, un seau à charbon, un garde-feu et des chenets, et une table carrée sur laquelle était posé un pupitre double. Des rayonnages de bois blanc installés dans un renfoncement constituaient une bibliothèque.

---

déformation de « Chapelle d'Iseult » ; à ce titre, il est bienvenu dans un récit qui va se révéler d'amour et de mort.

3. Usine bien réelle dont le père de James Joyce fut pendant un certain temps le responsable.

The bed was clothed with white bed-clothes and a black and scarlet rug covered the foot. A little hand-mirror hung above the washstand and during the day a white-shaded lamp stood as the sole ornament of the mantelpiece. The books on the white wooden shelves were arranged from below upwards according to bulk. A complete Wordsworth stood at one end of the lowest shelf and a copy of the *Maynooth Catechism*, sewn into the cloth cover of a notebook, stood at one end of the top shelf. Writing materials were always on the desk. In the desk lay a manuscript translation of Hauptmann's *Michael Kramer*, the stage directions of which were written in purple ink, and a little sheaf of papers held together by a brass pin. In these sheets a sentence was inscribed from time to time and, in an ironical moment, the headline of an advertisement for *Bile Beans* had been pasted on to the first sheet. On lifting the lid of the desk a faint fragrance escaped – the fragrance of new cedarwood pencils or of a bottle of gum or of an over-ripe apple which might have been left there and forgotten.

---

1. C'est le catéchisme traditionnel de l'Église catholique en Irlande. C'est à Maynooth que se trouve depuis la fin du XVIIIe siècle le grand séminaire catholique, aujourd'hui The National College of Saint Patrick, rattaché à l'Université nationale.

2. James Joyce, en 1901, tenta de traduire cette pièce de Gerhart Hauptmann (1862-1946), publiée l'année précédente. Il garda toute sa vie une grande admiration pour cette œuvre, et pour son auteur. La critique a remarqué la ressemblance qui existe entre le héros, Michael Kramer, et Mr Duffy.

3. On a ici la description fidèle du journal tenu par Stanislaus Joyce, le frère de l'écrivain, entre 1903 et 1905, dont une pre-

Le lit était revêtu de couvertures blanches et un plaid noir et rouge vif garnissait le pied. Un petit miroir portatif était accroché au-dessus de la table de toilette et dans la journée une lampe à abat-jour blanc constituait le seul ornement de la cheminée. Sur les rayonnages de bois blanc les livres étaient disposés de bas en haut selon leur grosseur. Les œuvres complètes de Wordsworth se trouvaient à une extrémité du rayon inférieur et un exemplaire du *Catéchisme de Maynooth*[1], sur lequel on avait cousu la couverture toilée d'un carnet, se trouvait à une extrémité du rayon supérieur. Il y avait toujours de quoi écrire sur le pupitre. Dans celui-ci se trouvaient le manuscrit d'une traduction du *Michael Kramer*[2] de Hauptmann, dont les indications scéniques étaient écrites à l'encre violette, et une petite liasse de papiers retenus par une épingle de laiton. Sur ces feuilles venait s'inscrire de temps à autre une phrase et, dans un moment d'ironie, on avait collé sur la première feuille l'en-tête d'une publicité pour les *Petites pilules pour la bile*[3]. Lorsqu'on levait le couvercle du pupitre, il s'échappait un léger parfum — celui de crayons neufs en bois de cèdre ou d'un flacon de gomme arabique ou d'une pomme trop mûre qu'on eût peut-être laissée là et oubliée.

---

mière version, légèrement incomplète, a été traduite en français (*Le Journal de Dublin*, traduction Marie Tadié, Gallimard, 1967). On remarquera qu'à la date du 31 août 1904 Stanislaus note : « Jim dit que mon esprit secrète de la bile » ; il révèle également que son frère avait donné aux aphorismes en question le nom de « Comprimés de bile » [*Bile Beans*], et que la nouvelle en a repris deux : « Tout lien est un lien avec la souffrance », et « L'amour entre un homme et un autre homme est impossible parce qu'il ne doit pas y avoir de rapports sexuels, et l'amitié entre un homme et une femme est impossible parce qu'il doit y en avoir » : voir p. 41.

Mr Duffy abhorred anything which betokened physical or mental disorder. A mediaeval doctor would have called him saturnine. His face, which carried the entire tale of his years, was of the brown tint of Dublin streets. On his long and rather large head grew dry black hair and a tawny moustache did not quite cover an unamiable mouth. His cheekbones also gave his face a harsh character; but there was no harshness in the eyes which, looking at the world from under their tawny eyebrows, gave the impression of a man ever alert to greet a redeeming instinct in others but often disappointed. He lived at a little distance from his body, regarding his own acts with doubtful sideglances. He had an odd autobiographical habit which led him to compose in his mind from time to time a short sentence about himself containing a subject in the third person and a predicate in the past tense. He never gave alms to beggars and walked firmly, carrying a stout hazel.

He had been for many years cashier of a private bank in Baggot Street. Every morning he came in from Chapelizod by tram. At midday he went to Dan Burke's and took his lunch – a bottle of lager beer and a small trayful of arrowroot biscuits. At four o'clock he was set free.

Mr Duffy avait horreur de tout ce qui était signe de désordre physique ou mental. Un docteur du Moyen Âge l'aurait qualifié de saturnien. Son visage, sur lequel se lisait le conte entier de ses années, avait la couleur brune des rues de Dublin. Sur sa tête allongée et plutôt forte poussaient des cheveux noirs, secs, et une moustache roussâtre recouvrait mal une bouche peu avenante. Ses pommettes aussi donnaient à son visage un caractère dur ; mais il n'y avait nulle dureté dans les yeux qui, regardant le monde par-dessous leurs sourcils roussâtres, donnaient l'impression d'un homme toujours prompt à saluer chez les autres le trait de nature susceptible de les racheter, espoir souvent déçu. Il vivait un peu à distance de son corps, considérant ses actes d'un regard oblique et dubitatif. Il avait une singulière habitude autobiographique qui, de temps en temps, lui faisait composer dans sa tête une petite phrase le concernant et comportant un sujet à la troisième personne et un prédicat au passé. Il ne faisait jamais l'aumône aux mendiants et marchait d'un pas assuré, tenant à la main une solide canne de coudrier.

Il était depuis de nombreuses années caissier dans une banque privée de Baggot Street[1]. Il arrivait tous les matins de Chapelizod par le tram. À midi il se rendait chez Dan Burke[2] pour déjeuner — une bouteille de lager et un petit plateau de biscuits d'arrow-root. On le libérait à quatre heures.

---

1. Rue du centre sud-est de Dublin.
2. Estaminet également situé dans Baggot Street.

He dined in an eating-house in George's Street where he felt himself safe from the society of Dublin's gilded youth and where there was a certain plain honesty in the bill of fare. His evenings were spent either before his landlady's piano or roaming about the outskirts of the city. His liking for Mozart's music brought him sometimes to an opera or a concert: these were the only dissipations of his life.

He had neither companions nor friends, church nor creed. He lived his spiritual life without any communion with others, visiting his relatives at Christmas and escorting them to the cemetery when they died. He performed these two social duties for old dignity's sake but conceded nothing further to the conventions which regulate the civic life. He allowed himself to think that in certain circumstances he would rob his bank but, as these circumstances never arose, his life rolled out evenly – an adventureless tale.

One evening he found himself sitting beside two ladies in the Rotunda. The house, thinly peopled and silent, gave distressing prophecy of failure. The lady who sat next him looked round at the deserted house once or twice and then said:

"What a pity there is such a poor house tonight! It's so hard on people to have to sing to empty benches."

Il dînait dans un petit restaurant de George's Street où il se sentait en sécurité loin de la société de la jeunesse dorée dublinoise et où le menu avait quelque chose d'à la fois simple et honnête. Ses soirées, il les passait soit devant le piano de sa propriétaire, soit à errer à la lisière de la ville. Son goût pour la musique de Mozart le conduisait parfois à l'opéra ou au concert : telles étaient les seules dissipations de son existence.

Il n'avait ni compagnons, ni amis, ni Église, ni foi. Sa vie spirituelle, il la menait sans communion aucune avec autrui, rendant visite aux membres de sa famille pour Noël et les accompagnant au cimetière lorsqu'ils mouraient. Il accomplissait ces deux devoirs mondains par respect pour les anciens usages mais il ne faisait pas d'autres sacrifices aux conventions qui règlent la vie en société. Il s'autorisait à penser que dans certaines circonstances il volerait sa banque mais, comme ces circonstances ne surgirent jamais, sa vie se déroula sans heurts — tel un conte sans aventures.

Un soir à la Rotonde[1] il se trouva assis à côté de deux dames. La salle à peu près vide et silencieuse laissait présager un désolant fiasco. La dame assise à côté de lui jeta un ou deux regards sur la salle déserte puis dit :

— Quel dommage qu'il y ait si peu de monde ce soir ! C'est si dur pour les artistes de devoir chanter devant des banquettes vides.

---

1. Ce théâtre (aujourd'hui cinéma) était situé à l'extrémité de Sackville Street, aujourd'hui O'Connell Street.

He took the remark as an invitation to talk. He was surprised that she seemed so little awkward. While they talked he tried to fix her permanently in his memory. When he learned that the young girl beside her was her daughter he judged her to be a year or so younger than himself. Her face, which must have been handsome, had remained intelligent. It was an oval face with strongly marked features. The eyes were very dark blue and steady. Their gaze began with a defiant note but was confused by what seemed a deliberate swoon of the pupil into the iris, revealing for an instant a temperament of great sensibility. The pupil reasserted itself quickly, this halfdisclosed nature fell again under the reign of prudence, and her astrakhan jacket, moulding a bosom of a certain fulness, struck the note of defiance more definitely.

He met her again a few weeks afterwards at a concert in Earlsfort Terrace and seized the moments when her daughter's attention was diverted to become intimate.

---

1. C'est-à-dire à University College, qui donne dans cette artère.

2. On a là un souvenir, non de l'écrivain, mais de son frère, tel qu'il est rapporté dans son recueil de souvenirs, *Le Gardien de mon frère* [*My Brother's Keeper*], Gallimard, Du Monde entier, 1966, p. 173-174 : « Vers cette époque (1901), j'allai seul à la Rotonde pour écouter un concert [...]. La salle [...] était comble et j'étais l'un des auditeurs les plus enthousiastes. Au bout de quelque temps, je m'aperçus que ma voisine regardait souvent de mon côté. C'était une femme brune, très belle, qui avait entre trente et quarante ans.

Il prit cette remarque comme une invite à converser. Il fut surpris de trouver la dame si peu embarrassée. Tout en conversant il essaya de la fixer dans sa mémoire de façon définitive. Lorsqu'il apprit que la jeune personne assise à côté d'elle était sa fille, il jugea qu'elle devait avoir environ un an de moins que lui. Son visage, qui avait dû être beau, était resté intelligent. Il était ovale, avec des traits fortement marqués. Les yeux, d'un bleu très sombre, étaient assurés. Le regard au début comportait une note de défi, mais se troublait ensuite, la pupille paraissait, comme à dessein, se pâmer dans l'iris, révélant, l'espace d'un instant, un tempérament d'une grande sensibilité. La pupille recouvrait bientôt sa maîtrise, cette nature à demi dévoilée retombait sous l'empire de la prudence, et la veste d'astrakan de la dame, en moulant une gorge d'une certaine plénitude, faisait entendre plus distinctement la note de défi.

Il la rencontra de nouveau quelques semaines plus tard lors d'un concert donné à Earlsfort Terrace[1], et saisit les instants où l'attention de sa fille était distraite pour établir des relations plus intimes[2].

Je remarquais sa peau claire et ses yeux marron dont les pupilles étaient larges et le blanc très pur. Pendant l'un des entractes, elle m'adressa la parole, et ensuite, pendant les arrêts entre les morceaux, nous continuâmes de parler du concert, et de la musique en général, qu'elle semblait bien connaître. À la fin, elle me serra la main avec un calme sourire. Je la revis ensuite par hasard au moins une fois. Elle m'arrêta dans la rue ; je n'avais pas encore dix-huit ans, et n'aurais pas eu l'audace de l'aborder. Elle me posa d'un air bienveillant et amical quelques questions conventionnelles sur mes études ; ce fut la dernière fois que je la vis. »

She alluded once or twice to her husband but her tone was not such as to make the allusion a warning. Her name was Mrs Sinico. Her husband's great-great-grandfather had come from Leghorn. Her husband was captain of a mercantile boat plying between Dublin and Holland; and they had one child.

Meeting her a third time by accident he found courage to make an appointment. She came. This was the first of many meetings; they met always in the evening and chose the most quiet quarters for their walks together. Mr Duffy, however, had a distaste for underhand ways and, finding that they were compelled to meet stealthily, he forced her to ask him to her house. Captain Sinico encouraged his visits, thinking that his daughter's hand was in question. He had dismissed his wife so sincerely from his gallery of pleasures that he did not suspect that anyone else would take an interest in her. As the husband was often away and the daughter out giving music lessons Mr Duffy had many opportunities of enjoying the lady's society. Neither he nor she had had any such adventure before and neither was conscious of any incongruity. Little by little he entangled his thoughts with hers. He lent her books, provided her with ideas, shared his intellectual life with her. She listened to all.

Elle fit une ou deux fois allusion à son mari, mais le ton n'était pas tel que l'on dût sentir là un avertissement. Elle s'appelait Mrs Sinico[1]. L'arrière-arrière-grand-père de son mari était venu de Livourne. Son mari commandait un bateau marchand faisant la navette entre Dublin et la Hollande ; et ils avaient un seul enfant.

La rencontrant une troisième fois accidentellement, il trouva le courage de lui donner rendez-vous. Elle vint. Ce fut la première d'une longue suite de rencontres ; c'était toujours le soir, et ils choisissaient les quartiers les plus calmes pour se promener ensemble. Cependant, Mr Duffy détestait les cachotteries et, découvrant qu'ils étaient contraints de se retrouver furtivement, il l'obligea à l'inviter chez elle. Le capitaine Sinico encouragea ses visites, pensant que la main de sa fille était en cause. Il avait sincèrement écarté sa femme de la galerie de ses plaisirs, au point de ne pas soupçonner que quelqu'un d'autre pût s'intéresser à elle. Comme le mari était souvent absent et la fille sortie pour donner des leçons de musique, Mr Duffy avait de nombreuses occasions de jouir de la société de la dame. Ni lui ni elle n'avait eu auparavant pareille aventure et ni l'un ni l'autre n'avait conscience d'agir de façon incongrue. Petit à petit il enchevêtra ses pensées aux siennes. Il lui prêta des livres, l'alimenta en idées, lui fit partager sa vie intellectuelle. Elle écouta tout.

---

1. Nom du compositeur de l'opéra *Marinella*, également professeur de chant, qui habitait Trieste, comme James Joyce entre 1905 et 1915. Il pensait pouvoir faire de Joyce un chanteur professionnel, mais ne lui donna que quelques leçons, en mai 1905.

Sometimes in return for his theories she gave out some fact of her own life. With almost maternal solicitude she urged him to let his nature open to the full; she became his confessor. He told her that for some time he had assisted at the meetings of an Irish Socialist Party where he had felt himself a unique figure amidst a score of sober workmen in a garret lit by an inefficient oillamp. When the party had divided into three sections, each under its own leader and in its own garret, he had discontinued his attendances. The workmen's discussions, he said, were too timorous; the interest they took in the question of wages was inordinate. He felt that they were hard-featured realists and that they resented an exactitude which was the product of a leisure not within their reach. No social revolution, he told her, would be likely to strike Dublin for some centuries.

She asked him why did he not write out his thoughts. For what, he asked her, with careful scorn. To compete with phrasemongers, incapable of thinking consecutively for sixty seconds?

---

1. C'est James Connolly (1868-1916), l'un des héros de l'indépendance irlandaise, qui, dans les dernières années du siècle, transforma la Dublin Socialist Society en un parti, The Irish Socialist Republican Party. Lorsqu'il partit pour les États-Unis en 1903, cette organisation, déjà modeste, devint anémique. Mais dix ans plus tard, et au moment des premiers combats pour l'indépendance, en 1916, le socialisme irlandais, avec la Citizen Army du même Connolly, représentait une force politique réelle.

Parfois en échange de ses théories elle révélait quelque fait de sa propre existence. Avec une sollicitude presque maternelle elle le poussait à laisser s'épanouir sa nature ; elle devint son confesseur. Il lui raconta qu'il avait assisté pendant quelque temps aux réunions d'un Parti Socialiste Irlandais où il s'était senti un personnage bien isolé au milieu d'une vingtaine d'ouvriers pleins de modération réunis dans un galetas éclairé par une lampe à huile inefficace. Quand le parti s'était scindé en trois sections, chacune sous son chef et dans son galetas, il avait cessé d'assister aux réunions[1]. Les discussions des ouvriers, disait-il, étaient trop timorées ; l'intérêt qu'ils accordaient aux questions de salaires était excessif. Il avait le sentiment que c'étaient des réalistes taillés à coups de serpe, offensés par une rigueur qui était le produit de loisirs pour eux inaccessibles. On ne pouvait pas s'attendre, lui dit-il, à voir une révolution sociale s'abattre sur Dublin avant quelques siècles[2].

Elle lui demanda pourquoi il ne rédigeait pas ses pensées. À quoi bon ? lui demanda-t-il avec un mépris bien pesé. Pour faire concurrence à des phraseurs incapables de pensées suivies pendant soixante secondes ?

2. Dans *Le Gardien de mon frère*, éd. cit., p. 183-184, Stanislaus dit à propos de son frère James : « Ses tendances politiques le portaient vers le socialisme, et il avait fréquenté, comme Mr Duffy dans "Un cas douloureux", des réunions du groupe socialiste dans des arrière-salles [...] Mon frère pensait que le nationalisme exacerbé, dont il avait horreur, était responsable des guerres et des crises mondiales. Cependant, la désillusion de Mr Duffy en ce qui concerne le socialisme ne reflète pas les idées de mon frère, mais les miennes. À Trieste, il se disait encore socialiste. »

To submit himself to the criticisms of an obtuse middle class which entrusted its morality to policemen and its fine arts to impresarios?

He went often to her little cottage outside Dublin; often they spent their evenings alone. Little by little, as their thoughts entangled, they spoke of subjects less remote. Her companionship was like a warm soil about an exotic. Many times she allowed the dark to fall upon them, refraining from lighting the lamp. The dark discreet room, their isolation, the music that still vibrated in their ears united them. This union exalted him, wore away the rough edges of his character, emotionalized his mental life. Sometimes he caught himself listening to the sound of his own voice. He thought that in her eyes he would ascend to an angelical stature; and, as he attached the fervent nature of his companion more and more closely to him, he heard the strange impersonal voice which he recognized as his own, insisting on the soul's incurable loneliness. We cannot give ourselves, it said: we are our own. The end of these discourses was that one night during which she had shown every sign of unusual excitement, Mrs Sinico caught up his hand passionately and pressed it to her cheek.

Mr Duffy was very much surprised. Her interpretation of his words disillusioned him. He did not visit her for a week; then he wrote to her asking her to meet him.

Pour se soumettre aux critiques d'une bourgeoisie obtuse qui confiait sa moralité aux agents de police et ses beaux-arts aux imprésarios?

Il allait souvent la voir dans sa petite maison à l'extérieur de Dublin ; souvent ils passaient leurs soirées seuls. Petit à petit, à mesure que leurs pensées s'enchevêtraient, ils abordaient des sujets moins lointains. La compagnie de cette femme avait l'effet d'une terre chaude sur une plante exotique. Bien souvent elle laissa l'obscurité les envelopper, s'abstenant d'allumer la lampe. La pièce sombre et discrète, leur isolement, la musique qui vibrait encore à leurs oreilles, tout les unissait. Lui cette union l'exalta, adoucit les arêtes rugueuses de son caractère, teinta d'émotions sa vie mentale. Parfois il se surprenait à écouter le son de sa propre voix. Il pensait que sous les yeux de son amie il s'élèverait à une stature angélique ; et, tandis qu'il s'attachait de plus en plus étroitement à la nature fervente de sa compagne, il entendait l'étrange voix impersonnelle qu'il reconnaissait pour sienne insister sur l'incurable solitude de l'âme. Nous ne pouvons nous donner, disait cette voix : nous n'appartenons qu'à nous-mêmes. La conclusion de ces discours fut qu'un soir où elle avait montré tous les signes d'une excitation insolite Mrs Sinico s'empara de sa main avec passion et la pressa contre sa joue.

Mr Duffy fut extrêmement surpris. L'interprétation qu'elle donnait de ses paroles le désillusionna. Il ne lui rendit pas visite d'une semaine ; puis il lui écrivit pour lui demander de le rencontrer.

As he did not wish their last interview to be troubled by the influence of their ruined confessional they met in a little cakeshop near the Parkgate. It was cold autumn weather but in spite of the cold they wandered up and down the roads of the Park for nearly three hours. They agreed to break off their intercourse: every bond, he said, is a bond to sorrow. When they came out of the Park they walked in silence towards the tram; but here she began to tremble so violently that, fearing another collapse on her part, he bade her good-bye quickly and left her. A few days later he received a parcel containing his books and music.

Four years passed. Mr Duffy returned to his even way of life. His room still bore witness of the orderliness of his mind. Some new pieces of music encumbered the music-stand in the lower room and on his shelves stood two volumes by Nietzsche: *Thus Spake Zarathustra* and *The Gay Science*. He wrote seldom in the sheaf of papers which lay in his desk. One of his sentences, written two months after his last interview with Mrs Sinico, read: Love between man and man is impossible because there must not be sexual intercourse and friendship between man and woman is impossible because there must be sexual intercourse. He kept away from concerts lest he should meet her.

Parce qu'il ne souhaitait pas que leur dernier entretien fût troublé par l'influence de leur confessionnal maintenant en ruine, la rencontre eut lieu dans une petite pâtisserie proche de l'entrée de Phoenix Park[1]. Il faisait un temps d'automne, froid, en dépit duquel cependant ils errèrent pendant près de trois heures dans les allées du parc. Ils convinrent de rompre leurs relations : tout lien, dit-il, nous lie à l'affliction. En sortant du parc, ils se dirigèrent sans parler vers le tram ; mais là elle se mit à trembler si violemment que, redoutant de la voir s'effondrer à nouveau, il lui fit rapidement ses adieux et la quitta. Quelques jours plus tard il recevait un paquet contenant ses livres et ses partitions.

Quatre ans s'écoulèrent. Mr Duffy reprit son mode de vie uniforme. Sa chambre témoignait encore de son esprit d'ordre. Quelques nouvelles partitions encombraient le casier à musique de la pièce du bas et sur ses rayons se trouvaient deux volumes de Nietzsche : *Ainsi parlait Zarathoustra* et *Le Gai Savoir*[2]. Il écrivait rarement dans la liasse de papiers déposée dans son pupitre. Une de ses sentences, écrite deux mois après sa dernière entrevue avec Mrs Sinico, était ainsi rédigée : L'amour entre deux hommes est impossible parce qu'il ne doit pas y avoir de relation sexuelle et l'amitié entre un homme et une femme est impossible parce qu'il doit y avoir une relation sexuelle. Il évitait les concerts de peur de la rencontrer.

---

1. *Near the Parkgate*. Parkgate est l'entrée sud-est de Phoenix Park.
2. Dans la bibliothèque de James Joyce à Trieste se trouvait une traduction anglaise (1910) de cette œuvre. Stanislaus confirme l'admiration que son frère portait à Nietzsche.

His father died; the junior partner of the bank retired. And still every morning he went into the city by tram and every evening walked home from the city after having dined moderately in George's Street and read the evening paper for dessert.

One evening as he was about to put a morsel of corned beef and cabbage into his mouth his hand stopped. His eyes fixed themselves on a paragraph in the evening paper which he had propped against the water-carafe. He replaced the morsel of food on his plate and read the paragraph attentively. Then he drank a glass of water, pushed his plate to one side, doubled the paper down before him between his elbows and read the paragraph over and over again. The cabbage began to deposit a cold white grease on his plate. The girl came over to him to ask was his dinner not properly cooked. He said it was very good and ate a few mouthfuls of it with difficulty. Then he paid his bill and went out.

He walked along quickly through the November twilight, his stout hazel stick striking the ground regularly, the fringe of the buff *Mail* peeping out of a side-pocket of his tight reefer overcoat. On the lonely road which leads from the Parkgate to Chapelizod he slackened his pace. His stick struck the ground less emphatically and his breath, issuing irregularly, almost with a sighing sound, condensed in the wintry air. When he reached his house he went up at once to his bedroom and, taking the paper from his pocket, read the paragraph again by the failing light of the window. He read it not aloud,

Son père mourut; le second associé de la banque se retira des affaires. Et il continuait d'aller en ville tous les matins par le tram et de revenir à pied tous les soirs après avoir dîné frugalement dans George's Street et lu le journal du soir en guise de dessert.

Un soir, alors qu'il allait mettre dans sa bouche un morceau de corned-beef au chou, sa main s'arrêta. Ses yeux se fixèrent sur un entrefilet du journal du soir qu'il avait calé contre la carafe d'eau. Il reposa le morceau dans son assiette et lut l'entrefilet avec attention. Puis il but un verre d'eau, écarta son assiette, plaça devant lui entre ses coudes le journal plié en deux et se mit à lire et relire l'entrefilet. Le chou commençait à laisser sur son assiette un dépôt blanc de graisse refroidie. La serveuse vint lui demander si son dîner était mal préparé. Il dit qu'il était très bon et en mangea quelques bouchées avec difficulté. Puis il régla l'addition et sortit.

Il s'en alla d'un pas vif dans le crépuscule de novembre, sa solide canne de coudrier frappant le sol à intervalles réguliers, le bord jaune chamois du *Mail*[1] pointant hors d'une poche de sa capote très ajustée. Sur la route déserte qui conduit de l'entrée de Phoenix Park à Chapelizod, il ralentit le pas. Sa canne frappait le sol avec moins d'assurance et son souffle irrégulier, où l'on aurait presque perçu des soupirs, se condensait dans l'air glacé. Lorsqu'il atteignit sa maison, il monta immédiatement dans sa chambre et, tirant le journal de sa poche, relut l'entrefilet à la lumière défaillante qui tombait de la fenêtre. Il ne le lut pas tout haut,

1. *The Dublin Evening Mail*, journal conservateur, hostile aux nationalistes.

but moving his lips as a priest does when he reads the prayers *Secreto*. This was the paragraph:

DEATH OF A LADY
AT SYDNEY PARADE

A PAINFUL CASE

To-day at the City of Dublin Hospital the Deputy Coroner (in the absence of Mr Leverett) held an inquest on the body of Mrs Emily Sinico, aged forty-three years, who was killed at Sydney Parade Station yesterday evening. The evidence showed that the deceased lady, while attempting to cross the line, was knocked down by the engine of the ten o'clock slow train from Kingstown, thereby sustaining injuries of the head and right side which led to her death.

James Lennon, driver of the engine, stated that he had been in the employment of the railway company for fifteen years. On hearing the guard's whistle he set the train in motion and a second or two afterwards brought it to rest in response to loud cries. The train was going slowly.

P. Dunne, railway porter, stated that as the train was about to start he observed a woman attempting to cross the lines. He ran towards her and shouted but, before he could reach her, she was caught by the buffer of the engine and fell to the ground.

---

1. *City of Dublin Hospital*, qui se trouve dans Baggot Street, la rue même où travaille Mr Duffy.
2. Cet accident sera mentionné également dans *Ulysse* (Gallimard, Du Monde entier, p. 620), et situé très précisément le 14 octobre 1903. Sydney Parade Avenue est une petite rue de Sandymount, au sud-est de Dublin.

mais en remuant les lèvres comme un prêtre lisant les prières *Secreto*. L'entrefilet était ainsi rédigé :

MORT D'UNE DAME
À SYDNEY PARADE

UN CAS DOULOUREUX

Aujourd'hui, à l'Hôpital Civil de Dublin[1], *le coroner adjoint (en l'absence de Mr Leverett) a ouvert une enquête au sujet de la mort de Mrs Emily Sinico, âgée de quarante-trois ans, tuée hier soir à la gare de Sydney Parade*[2]. *Les témoignages indiquent que la victime a été renversée par la locomotive de l'omnibus de dix heures en provenance de Kingstown*[3], *alors qu'elle tentait de traverser la voie, et qu'elle a subi de ce fait des blessures à la tête et au côté droit qui ont entraîné la mort.*

James Lennon, conducteur de la locomotive, déclara qu'il était au service de la Compagnie depuis quinze ans. Au coup de sifflet du chef de train, il avait mis la machine en marche et une seconde ou deux plus tard il l'avait immobilisée, en réponse aux grands cris qui se faisaient entendre. Le train allait lentement.

P. Dunne[4], *porteur, déclara que, au moment où le train allait partir, il avait remarqué une dame qui essayait de traverser les voies. Il avait couru vers elle et crié mais, avant qu'il ait pu l'atteindre, elle avait été accrochée par le tampon de la machine et jetée au sol.*

3. Aujourd'hui Dun Laoghaire (Dunleary), sur la côte sud de la baie de Dublin.
4. James Joyce avait d'abord donné à ce personnage le nom tout à fait irlandais de Kilbride. Peut-être l'a-t-il changé parce que, faisant entendre *kill bride*, « tue(r) l'épousée », il pouvait paraître, dans cette histoire, d'un humour facile. Un Kilbride « mécano » paraît fugitivement dans *Ulysse* (Gallimard, Du Monde entier, p. 425).

A juror – "You saw the lady fall?"
Witness – "Yes."

Police Sergeant Croly deposed that when he arrived he found the deceased lying on the platform apparently dead. He had the body taken to the waiting-room pending the arrival of the ambulance.

Constable 57E corroborated.

Dr Halpin, assistant house surgeon of the City of Dublin Hospital, stated that the deceased had two lower ribs fractured and had sustained severe contusions of the right shoulder. The right side of the head had been injured in the fall. The injuries were not sufficient to have caused death in a normal person. Death, in his opinion, had been probably due to shock and sudden failure of the heart's action.

Mr H. B. Patterson Finlay, on behalf of the railway company, expressed his deep regret at the accident. The company had always taken every precaution to prevent people crossing the lines except by the bridges, both by placing notices in every station and by the use of patent spring gates at level crossings. The deceased had been in the habit of crossing the lines late at night from platform to platform and, in view of certain other circumstances of the case, he did not think the railway officials were to blame.

Captain Sinico, of Leoville, Sydney Parade, husband of the deceased, also gave evidence.

Un juré : Vous avez vu tomber cette dame ?
Le témoin : Oui.

Le sergent Croly déclara qu'en arrivant il avait trouvé la défunte étendue sur le quai, apparemment morte. Il avait fait porter le corps dans la salle d'attente, où ce dernier était resté jusqu'à l'arrivée de l'ambulance.

Cette déposition fut corroborée par l'agent 57E.

Le docteur Halpin[1], interne en chirurgie de l'Hôpital Civil de Dublin, déclara que la défunte avait deux côtes inférieures fracturées et avait subi de graves contusions à l'épaule. Dans sa chute, elle s'était blessée au côté droit de la tête. Les blessures n'étaient pas suffisantes pour entraîner la mort chez une personne normale. La mort, à son avis, était probablement due au choc et à un arrêt brutal du cœur.

Mr H. B. Patterson Finlay, parlant au nom de la Compagnie des Chemins de Fer, exprima ses profonds regrets au sujet de l'accident. La Compagnie avait toujours pris toutes précautions pour empêcher la traversée des voies en dehors des passerelles, à la fois en plaçant des avis dans chaque gare et en utilisant aux passages à niveau des portillons brevetés à fermeture automatique. La défunte avait l'habitude de traverser les voies tard le soir passant d'un quai à un autre et, eu égard à certains autres aspects de l'affaire, il ne pensait pas que l'on pût incriminer les responsables des Chemins de Fer.

Le capitaine Sinico, de Léoville[2], Sydney Parade, époux de la défunte, témoigna également.

---

1. James Joyce avait d'abord donné à ce personnage le nom de son ami Vincent Cosgrave. Il est possible que le changement ait été fait après la brouille qui les sépara, en 1909.
2. Nom de la villa occupée par la famille Joyce en 1892-1893, à Blackrock, banlieue sud-est de Dublin.

He stated that the deceased was his wife. He was not in Dublin at the time of the accident as he had arrived only that morning from Rotterdam. They had been married for twenty-two years and had lived happily until about two years ago when his wife began to be rather intemperate in her habits.

Miss Mary Sinico said that of late her mother had been in the habit of going out at night to buy spirits. She, witness, had often tried to reason with her mother and had induced her to join a league. She was not at home until an hour after the accident.

The jury returned a verdict in accordance with the medical evidence and exonerated Lennon from all blame.

The Deputy Coroner said it was a most painful case, and expressed great sympathy with Captain Sinico and his daughter. He urged on the railway company to take strong measures to prevent the possibility of similar accidents in the future. No blame attached to anyone.

Mr Duffy raised his eyes from the paper and gazed out of his window on the cheerless evening landscape. The river lay quiet beside the empty distillery and from time to time a light appeared in some house on the Lucan road. What an end! The whole narrative of her death revolted him and it revolted him to think that he had ever spoken to her of what he held sacred. The threadbare phrases,

Il déclara que la défunte était son épouse. Il n'était pas à Dublin au moment de l'accident, étant arrivé ce matin-là seulement de Rotterdam. Ils étaient mariés depuis vingt-deux ans et avaient vécu heureux jusqu'à ces deux dernières années, au cours desquelles sa femme avait pris des habitudes d'intempérance.

Miss Mary Sinico déclara que depuis peu sa mère avait pris l'habitude de sortir le soir pour acheter des spiritueux. Le témoin avait souvent essayé de raisonner sa mère et l'avait persuadée d'adhérer à une ligue antialcoolique. Elle n'était rentrée chez elle qu'une heure après l'accident.

Le jury a rendu un verdict conforme aux résultats de l'examen médical et a dégagé entièrement la responsabilité de Lennon.

Le coroner adjoint a déclaré que c'était un cas des plus douloureux, et exprimé toute sa sympathie au capitaine Sinico et à sa fille. Il a invité la Compagnie à prendre des mesures très strictes pour éviter le retour de pareils accidents. Aucune responsabilité n'a été retenue[1].

Mr Duffy leva les yeux et contempla par la fenêtre le morne décor vespéral. Le fleuve était là, tranquille, auprès de la distillerie vide, et de temps à autre une lumière apparaissait dans quelque maison sur la route de Lucan[2]. Quelle fin ! Tout le récit de sa mort le révoltait, comme le révoltait l'idée de lui avoir jamais parlé de ce qu'il tenait pour sacré. Ces formules usées,

---

1. Une lettre de James Joyce à Stanislaus en date du [24 ?] septembre 1905 nous apprend qu'il avait préparé tout ce passage avec minutie. (*Lettres*, t. II, Gallimard, Du Monde entier, 1973, p. 222.)
2. Localité située à l'ouest de Dublin.

the inane expressions of sympathy, the cautious words of a reporter won over to conceal the details of a commonplace vulgar death attacked his stomach. Not merely had she degraded herself; she had degraded him. He saw the squalid tract of her vice, miserable and malodorous. His soul's companion! He thought of the hobbling wretches whom he had seen carrying cans and bottles to be filled by the barman. Just God, what an end! Evidently she had been unfit to live, without any strength of purpose, an easy prey to habits, one of the wrecks on which civilization has been reared. But that she could have sunk so low! Was it possible he had deceived himself so utterly about her? He remembered her outburst of that night and interpreted it in a harsher sense than he had ever done. He had no difficulty now in approving of the course he had taken.

As the light failed and his memory began to wander he thought her hand touched his. The shock which had first attacked his stomach was now attacking his nerves. He put on his overcoat and hat quickly and went out. The cold air met him on the threshold; it crept into the sleeves of his coat. When he came to the public-house at Chapelizod Bridge he went in and ordered a hot punch.

ces témoignages de sympathie complètement creux, ces mots prudents d'un journaliste qu'on a persuadé de dissimuler les détails d'une mort commune, vulgaire, tout lui tordait le ventre. Non seulement elle s'était avilie, mais elle l'avait avili. Il voyait devant lui toute l'étendue sordide de son vice pitoyable et nauséabond. La compagne de son âme! Il pensa à ces malheureux qu'il avait vus passer en clopinant, porteurs de bidons et de bouteilles qu'ils allaient faire remplir au bar. Juste Ciel! Quelle fin! Manifestement, elle n'avait pu s'adapter à la vie, n'ayant en elle aucune force de caractère, proie facile pour l'habitude; c'était une de ces épaves sur lesquelles la civilisation a été élevée. Mais qu'elle ait pu tomber aussi bas! Était-il possible qu'il se fût trompé aussi complètement sur son compte? Il se souvint de son élan du fameux soir et l'interpréta d'une manière plus déplaisante qu'il ne l'avait jamais fait. Il n'avait pas de difficulté maintenant à approuver la ligne de conduite qu'il avait prise.

Comme la lumière baissait et que sa mémoire commençait à vagabonder il crut que sa main venait toucher la sienne. Après le ventre, c'étaient les nerfs qui subissaient les effets du choc. Il mit rapidement son manteau et son chapeau et sortit. Sur le seuil il rencontra l'air froid qui s'insinua dans les manches de sa veste. Quand il arriva au bistrot du pont de Chapelizod[1], il entra et commanda un grog.

---

1. Le *Mullingar Hotel*, qui, dans le dernier texte de James Joyce, *Finnegans Wake*, serait l'établissement tenu par le héros, Humphrey Chimpden Earwicker.

The proprietor served him obsequiously but did not venture to talk. There were five or six working-men in the shop discussing the value of a gentleman's estate in County Kildare. They drank at intervals from their huge pint tumblers and smoked, spitting often on the floor and sometimes dragging the sawdust over their spits with their heavy boots. Mr Duffy sat on his stool and gazed at them, without seeing or hearing them. After a while they went out and he called for another punch. He sat a long time over it. The shop was very quiet. The proprietor sprawled on the counter reading the *Herald* and yawning. Now and again a tram was heard swishing along the lonely road outside.

As he sat there, living over his life with her and evoking alternately the two images in which he now conceived her, he realized that she was dead, that she had ceased to exist, that she had become a memory. He began to feel ill at ease. He asked himself what else could he have done. He could not have carried on a comedy of deception with her; he could not have lived with her openly. He had done what seemed to him best. How was he to blame? Now that she was gone he understood how lonely her life must have been, sitting night after night alone in that room. His life would be lonely too until he, too, died, ceased to exist, became a memory – if anyone remembered him.

It was after nine o'clock when he left the shop. The night was cold and gloomy.

Le propriétaire le servit obséquieusement, mais ne se hasarda pas à lui parler. Il y avait cinq ou six ouvriers dans la salle qui discutaient la valeur d'un domaine du comté de Kildare. Ils buvaient de temps en temps dans leurs énormes chopes d'une pinte et fumaient, crachant souvent sur le plancher et parfois ramenant la sciure sur leur crachat avec leurs brodequins. Mr Duffy restait sur son tabouret et les regardait sans les voir ni les entendre. Au bout d'un moment ils sortirent et il commanda un autre grog. Il resta longtemps assis devant son verre. La boutique était très calme. Le propriétaire, avachi sur le comptoir, lisait le *Herald* et bâillait. De temps à autre on entendait au-dehors le bruissement d'un tram passant sur la route déserte.

Assis là, à revivre la vie qu'il avait partagée avec elle et à évoquer tour à tour les deux images grâce auxquelles il pouvait se la représenter maintenant, il prit nettement conscience qu'elle était morte, qu'elle avait cessé d'exister, qu'elle était devenue un souvenir. Il commença à se sentir mal à l'aise. Il se demanda ce qu'il aurait pu faire d'autre. Il n'aurait pas pu continuer à jouer la comédie avec elle ; il n'aurait pas pu vivre avec elle ouvertement. Il avait fait ce qui lui avait paru le mieux. En quoi était-il responsable ? Maintenant qu'elle avait disparu, il comprenait à quel point sa vie avait dû être solitaire, assise soir après soir, seule, dans cette pièce. Sa vie à lui aussi serait solitaire jusqu'à ce que lui aussi meure, cesse d'exister, devienne un souvenir — s'il y avait quelqu'un pour se souvenir de lui.

Il était plus de neuf heures du soir lorsqu'il quitta la boutique. La nuit était froide et lugubre.

He entered the park by the first gate and walked along under the gaunt trees. He walked through the bleak alleys where they had walked four years before. She seemed to be near him in the darkness. At moments he seemed to feel her voice touch his ear, her hand touch his. He stood still to listen. Why had he withheld life from her? Why had he sentenced her to death? He felt his moral nature falling to pieces.

When he gained the crest of the Magazine Hill he halted and looked along the river towards Dublin, the lights of which burned redly and hospitably in the cold night. He looked down the slope and, at the base, in the shadow of the wall of the park, he saw some human figures lying. Those venal and furtive loves filled him with despair. He gnawed the rectitude of his life; he felt that he had been outcast from life's feast. One human being had seemed to love him and he had denied her life and happiness: he had sentenced her to ignominy, a death of shame. He knew that the prostrate creatures down by the wall were watching him and wished him gone. No one wanted him; he was outcast from life's feast. He turned his eyes to the grey gleaming river, winding along towards Dublin. Beyond the river he saw a goods train winding out of Kingsbridge Station, like a worm with a fiery head winding through the darkness,

Il entra dans le parc par le premier portail et avança sous les arbres décharnés. Il suivit les allées balayées par le vent où ils avaient marché quatre ans auparavant. Elle semblait être tout près de lui dans l'obscurité. Par moments il lui semblait sentir sa voix lui effleurer l'oreille, sa main toucher la sienne. Il s'arrêta pour écouter. Pourquoi lui avait-il refusé la vie ? Pourquoi l'avait-il condamnée à mort ? Il sentait sa nature morale se désagréger.

Lorsqu'il atteignit la crête de Magazine Hill[1] il s'arrêta et son regard suivit la rivière en direction de Dublin, dont les lumières brillaient, rouges et accueillantes dans la nuit froide. Son regard descendit la pente et, tout au bas, à l'ombre du mur du parc, il vit quelques formes humaines allongées. Ces amours furtives et vénales l'emplirent de désespoir. Il mettait peu à peu en cause la rectitude de sa vie ; il se sentait banni du festin de la vie. Un seul être humain avait paru l'aimer et il lui avait dénié vie et bonheur : il l'avait condamnée à l'ignominie, à une mort infâme. Il savait que les créatures prostrées au pied du mur l'observaient et auraient voulu le voir partir. Personne ne voulait de lui ; il était banni du festin de la vie. Il tourna les yeux vers le fleuve gris et miroitant qui serpentait en direction de Dublin. Au-delà du fleuve il vit un train de marchandises sortir, sinueux, de la gare de Kingsbridge[2], tel un ver à la tête de feu serpentant dans l'obscurité,

---

1. Cette «Colline de la Poudrière», qui revient à maintes reprises dans *Finnegans Wake*, se trouve dans la partie sud-est de Phoenix Park.
2. Gare située en face de Phoenix Park, sur la rive droite de la Liffey.

obstinately and laboriously. It passed slowly out of sight; but still he heard in his ears the laborious drone of the engine reiterating the syllables of her name.

He turned back the way he had come, the rhythm of the engine pounding in his ears. He began to doubt the reality of what memory told him. He halted under a tree and allowed the rhythm to die away. He could not feel her near him in the darkness nor her voice touch his ear. He waited for some minutes listening. He could hear nothing: the night was perfectly silent. He listened again: perfectly silent. He felt that he was alone.

obstinément, laborieusement. Il disparut lentement à sa vue ; mais il ne cessait d'entendre résonner dans ses oreilles le laborieux bourdonnement de la machine répétant inlassablement les syllabes de son nom à elle.

Il s'en retourna, prenant le chemin par lequel il était venu, le rythme de la machine cognant dans ses oreilles. Il commençait à mettre en doute la réalité de ce que la mémoire lui contait. Il fit halte sous un arbre et laissa le rythme mourir peu à peu. Il n'arrivait pas à la sentir près de lui dans l'obscurité ni à sentir sa voix lui effleurer l'oreille. Il attendit quelques minutes, à l'écoute. Il ne pouvait rien entendre : la nuit était parfaitement silencieuse. Il écouta de nouveau : parfaitement silencieuse. Il sentit qu'il était seul.

The Dead

Les morts

THE DEAD

Lily, the caretaker's daughter, was literally run off her feet. Hardly had she brought one gentleman into the little pantry behind the office on the ground floor and helped him off with his overcoat than the wheezy halldoor bell clanged again and she had to scamper along the bare hall-way to let in another guest. It was well for her she had not to attend to the ladies also. But Miss Kate and Miss Julia had thought of that and had converted the bathroom upstairs into a ladies' dressing-room.

---

1. Le titre de cette nouvelle a peut-être bien été inspiré à James Joyce par son frère Stanislaus qui, dans une lettre de 1905, lui avait parlé d'une mélodie de Thomas Moore (voir n. 1, p. 73), « Oh, vous, morts ! », qu'il avait entendue, interprétée de façon impressionnante, en particulier dans sa seconde strophe, par le baryton irlandais Plunket Greene. Joyce se procura le texte de la chanson :

*Morts ! Oh, vous, morts ! que nous reconnaissons à la lumière de vos
   yeux froids, luisants,
Bien que vous vous déplaciez tels des hommes en vie,
Pourquoi quittez-vous de la sorte vos tombes,
Au loin dans les champs et dans les flots,
Où le vers et l'oiseau des mers seuls connaissent votre lit,*

LES MORTS[1]

Lily, la fille de la concierge, ne tenait littéralement plus debout. Elle n'avait pas plus tôt amené un monsieur dans l'office, derrière le bureau du rez-de-chaussée, où elle l'aidait à enlever son manteau, que la sonnette asthmatique de la porte d'entrée résonnait à nouveau et qu'il lui fallait détaler dans le corridor nu pour faire entrer un autre invité. Heureusement pour elle qu'elle n'avait pas à s'occuper aussi des dames. Mais Miss Kate et Miss Julia avaient pensé à ça et avaient transformé la salle de bains du haut en vestiaire pour les dames.

Pour venir hanter ce lieu, où tous
Ces yeux qui pleurèrent votre trépas,
Et les cœurs qui se lamentèrent sur vous, comme vous gisent morts ?

Il est vrai, il est vrai, nous sommes des ombres froides et blêmes ;
Il est vrai, il est vrai, tous les amis que nous aimions sont partis ;
Mais, oh, même ainsi dans la mort,
Si doux est encore le souffle
Des champs et des fleurs que dans notre jeunesse nous foulâmes,
Que, avant d'aller, condamnés, geler parmi les neiges d'Hécla,
Nous voudrions le goûter encor, et rêver que nous vivons, une fois encore.

Cela dit, la nouvelle met en jeu également bien d'autres échos, personnels, culturels et littéraires.

Miss Kate and Miss Julia were there, gossiping and laughing, and fussing, walking after each other to the head of the stairs, peering down over the banisters and calling down to Lily to ask her who had come.

It was always a great affair, the Misses Morkan's annual dance. Everybody who knew them came to it, members of the family, old friends of the family, the members of Julia's choir, any of Kate's pupils that were grown up enough and even some of Mary Jane's pupils too. Never once had it fallen flat. For years and years it had gone off in splendid style as long as anyone could remember; ever since Kate and Julia, after the death of their brother Pat, had left the house in Stoney Batter and taken Mary Jane, their only niece, to live with them in the dark gaunt house on Usher's Island, the upper part of which they had rented from Mr Fulham, the corn-factor on the ground floor. That was a good thirty years ago if it was a day. Mary Jane, who was then a little girl in short clothes, was now the main prop of the household for she had the organ in Haddington Road.

---

1. Rue de la rive gauche de la Liffey, à la hauteur de Arran's Quay, c'est-à-dire juste en face de Usher's Island.
2. Usher's Island n'est pas une île, comme on pourrait le croire, mais un quai de la Liffey, dans le secteur centre-ouest de Dublin. C'est au 15 qu'habitaient deux grand-tantes de James Joyce, Mrs Lyons et Mrs Callanan, en compagnie de la fille de celle-ci, Mary Ellen. Certains appelaient cette maison «l'école des Misses Flynn»: ces dames donnaient en effet des cours de

Miss Kate et Miss Julia étaient là, à bavarder et à rire et à faire des embarras, s'avançant l'une derrière l'autre jusqu'au sommet de l'escalier, jetant un regard scrutateur par-dessus la rampe et appelant Lily pour savoir qui était arrivé.

C'était toujours une grande affaire, le bal annuel des demoiselles Morkan. Toutes les personnes qui les connaissaient y venaient, membres de la famille, vieux amis de la famille, membres de la chorale de Julia, éventuellement élèves de Kate en âge de sortir et même aussi quelques élèves de Mary Jane. Il n'avait jamais fait fiasco. Il se déroulait toujours dans un style magnifique, et cela depuis des années et des années, aussi loin que pouvait remonter le souvenir : très précisément depuis le moment où Kate et Julia, après la mort de leur frère Pat, avaient quitté la maison de Stoney Batter[1] et emmené Mary Jane, leur unique nièce, pour vivre avec elles dans cette maison sombre et lugubre de Usher's Island[2], dont elles avaient loué le haut à Mr Fulham, le courtier en grains du rez-de-chaussée. Cela faisait trente ans bien comptés. Mary Jane, qui était alors une fillette en robe courte, était maintenant le principal soutien de la maison, car c'est elle qui tenait l'orgue à l'église de Haddington Road[3].

---

piano, de chant et de maintien (pour le nom de Flynn, voir n. 1, p. 155). La famille Joyce était conviée chaque année dans cette maison ; John Joyce, le père de l'écrivain, découpait l'oie et faisait un discours dans le style de celui que l'on verra faire à Gabriel Conroy (voir Stanislaus Joyce, *Le Gardien de mon frère*, éd. cit., p. 48-49).

3. St Mary's Roman Catholic Church, 63 Haddington Road, en fait dans un quartier éloigné.

She had been through the Academy and gave a pupils' concert every year in the upper room of the Antient Concert Rooms. Many of her pupils belonged to the better-class families on the Kingstown and Dalkey line. Old as they were, her aunts also did their share. Julia, though she was quite grey, was still the leading soprano in Adam and Eve's, and Kate, being too feeble to go about much, gave music lessons to beginners on the old square piano in the back room. Lily, the caretaker's daughter, did housemaid's work for them. Though their life was modest they believed in eating well; the best of everything: diamondbone sirloins, three-shilling tea and the best bottled stout. But Lily seldom made a mistake in the orders so that she got on well with her three mistresses. They were fussy, that was all. But the only thing they would not stand was back answers.

Of course they had good reason to be fussy on such a night. And then it was long after ten o'clock and yet there was no sign of Gabriel and his wife.

---

1. *The Academy*, c'est-à-dire The Royal Academy of Music.
2. Grande salle de spectacle, située dans Great Brunswick Street (aujourd'hui Pearse Street), où eurent lieu des représentations célèbres, comme celle de *The Countess Cathleen*, grand moment de la Renaissance celtique. C'est là que James Joyce participa à un concours de chant du festival national, le Feis Ceoil, en mai 1904, et à un grand concert le 27 août de la même année.

Elle était passée par le Conservatoire[1] et elle donnait un concert d'élèves chaque année aux Antient Concert Rooms[2], dans la salle du haut. Nombre de ses élèves appartenaient à des familles d'un assez bon milieu habitant dans la direction de Kingstown[3] et de Dalkey[4]. Tout âgées qu'elles fussent, ses tantes faisaient aussi leur part. Julia, bien qu'entièrement grise maintenant, était encore le premier soprano de la paroisse d'Adam et d'Ève[5], et Kate, qui était trop débile pour sortir beaucoup, donnait des leçons de musique pour débutants sur le vieux piano carré, dans la pièce du fond. Lily, la fille de la concierge, leur faisait le travail domestique. Bien que leur vie fût modeste, elles tenaient à bien manger ; toujours ce qu'il y avait de mieux : de l'aloyau de premier choix, du thé à trois shillings et le meilleur stout en bouteille. Mais Lily se trompait rarement dans les commandes, de sorte qu'elle s'entendait bien avec ses trois maîtresses. Elles faisaient des embarras, c'était tout. Mais la seule chose qu'elles ne supportaient pas, c'était qu'on leur réponde.

Bien sûr, elles avaient de bonnes raisons de faire des embarras un soir pareil. Et puis il était dix heures largement passées et toujours aucun signe de Gabriel et de sa femme.

---

3. Voir la n. 3, p. 45 de « Un cas douloureux ».
4. Localité située sur la côte, un peu au-delà de Kingstown. Les quartiers sud de Dublin sont depuis assez longtemps les plus bourgeois.
5. The Franciscan Church of the Immaculate Conception, sur Merchant's Quay ; c'est l'église paroissiale de Usher's Island. On y accède en traversant un pub, ainsi qu'il est rappelé allusivement dans *Finnegans Wake*.

Besides they were dreadfully afraid that Freddy Malins might turn up screwed. They would not wish for worlds that any of Mary Jane's pupils should see him under the influence; and when he was like that it was sometimes very hard to manage him. Freddy Malins always came late but they wondered what could be keeping Gabriel: and that was what brought them every two minutes to the banisters to ask Lily had Gabriel or Freddy come.

"O, Mr Conroy," said Lily to Gabriel when she opened the door for him, "Miss Kate and Miss Julia thought you were never coming. Good-night, Mrs Conroy."

"I'll engage they did," said Gabriel, "but they forget that my wife here takes three mortal hours to dress herself."

He stood on the mat, scraping the snow from his goloshes, while Lily led his wife to the foot of the stairs and called out:

"Miss Kate, here's Mrs Conroy."

Kate and Julia came toddling down the dark stairs at once. Both of them kissed Gabriel's wife, said she must be perished alive and asked was Gabriel with her.

"Here I am as right as the mail, Aunt Kate! Go on up, I'll follow," called out Gabriel from the dark.

---

1. Ce personnage, qui sera mentionné également dans *Ulysse*, ressemble par certains traits à un ami de James Joyce, Constantine Curran (on verra que le frère de Gabriel s'appelle Constantin), et par d'autres à l'écrivain lui-même, comme on

Par-dessus le marché, elles avaient une peur bleue que Freddy Malins n'arrivât éméché. Pour rien au monde elles ne voulaient qu'une des élèves de Mary Jane le vît sous l'empire de la boisson ; et quand il était comme ça, il arrivait qu'on ne sût plus comment le prendre. Freddy Malins arrivait toujours en retard, mais elles se demandaient ce qui pouvait bien retenir Gabriel : et c'est ce qui les amenait toutes les deux minutes à la rampe pour demander à Lily si Gabriel ou Freddy était arrivé.

— Oh, Mr Conroy[1], dit Lily à Gabriel lorsqu'elle lui ouvrit la porte, Miss Kate et Miss Julia pensaient que vous n'arriveriez jamais. Bonsoir, Mrs Conroy.

— Oui, je le gage, dit Gabriel, mais elles oublient que ma femme ici présente met trois heures mortelles à s'habiller.

Il restait sur le paillasson, à racler la neige de ses caoutchoucs, tandis que Lily conduisait sa femme au pied de l'escalier, et appelait :

— Miss Kate, voici Mrs Conroy.

Tout de suite Kate et Julia descendirent à petits pas chancelants les escaliers sombres. Toutes deux embrassèrent la femme de Gabriel, dirent qu'elle avait dû attraper la mort et demandèrent si Gabriel était avec elle.

— Je suis là, fidèle comme la poste, Tante Kate ! Allez, montez. Je suivrai, cria Gabriel dans l'obscurité.

---

le verra. Il porte le nom d'un cabaretier de Howth, localité au nord de la baie de Dublin. Mais on remarquera que *Gabriel Conroy* est le titre d'un roman de l'Américain Bret Harte : voir n. 1, p. 203.

He continued scraping his feet vigorously while the three women went upstairs, laughing, to the ladies' dressingroom.

A light fringe of snow lay like a cape on the shoulders of his overcoat and like toecaps on the toes of his goloshes; and, as the buttons of his overcoat slipped with a squeaking noise through the snow-stiffened frieze, a cold fragrant air from out-of-doors escaped from crevices and folds.

"Is it snowing again, Mr Conroy?" asked Lily.

She had preceded him into the pantry to help him off with his overcoat. Gabriel smiled at the three syllables she had given his surname and glanced at her. She was a slim, growing girl, pale in complexion and with hay-coloured hair. The gas in the pantry made her look still paler. Gabriel had known her when she was a child and used to sit on the lowest step nursing a rag doll.

"Yes, Lily," he answered, "and I think we're in for a night of it."

He looked up at the pantry ceiling, which was shaking with the stamping and shuffling of feet on the floor above, listened for a moment to the piano and then glanced at the girl, who was folding his overcoat carefully at the end of a shelf.

"Tell me, Lily," he said in a friendly tone, "do you still go to school?"

"O no, sir," she answered. "I'm done schooling this year and more."

Il continua à racler ses pieds vigoureusement, tandis que les trois femmes montaient en riant en direction du vestiaire des dames.

Une légère frange de neige s'était déposée telle une cape sur les épaules de son manteau et, tels des bouts rapportés, à l'extrémité de ses caoutchoucs ; et à mesure que les boutons de son manteau glissaient avec un crissement dans la ratine raidie par la neige, un peu d'air froid et odorant venu de l'extérieur s'échappait des plis et replis.

— Est-ce qu'il neige à nouveau, Mr Conroy ? demanda Lily.

Elle l'avait précédé dans l'office pour l'aider à se débarrasser de son manteau. Gabriel sourit en entendant les trois syllabes qu'elle avait données à son nom de famille et lui jeta un coup d'œil. C'était une adolescente mince, en pleine croissance, au teint pâle et aux cheveux filasse. La lumière du gaz accentuait encore sa pâleur. Gabriel l'avait connue enfant, toujours assise sur la première marche à bercer une poupée en chiffon.

— Oui, Lily, répondit-il, et je pense que nous en avons pour la nuit.

Il leva le regard vers le plafond, qui tremblait sous les piétinements et les frottements de pieds là-haut à l'étage, écouta un moment le piano, puis jeta un coup d'œil à la jeune fille en train de plier soigneusement son manteau au bout d'un rayonnage.

— Dis-moi, Lily, fit-il d'un ton amical, vas-tu encore à l'école ?

— Oh non, monsieur, répondit-elle, ça fait plus d'un an que j'ai terminé l'école.

"O, then," said Gabriel gaily, "I suppose we'll be going to your wedding one of these fine days with your young man, eh?"

The girl glanced back at him over her shoulder and said with great bitterness:

"The men that is now is only all palaver and what they can get out of you."

Gabriel coloured as if he felt he had made a mistake and, without looking at her, kicked off his goloshes and flicked actively with his muffler at his patent-leather shoes.

He was a stout tallish young man. The high colour of his cheeks pushed upwards even to his forehead where it scattered itself in a few formless patches of pale red; and on his hairless face there scintillated restlessly the polished lenses and the bright gilt rims of the glasses which screened his delicate and restless eyes. His glossy black hair was parted in the middle and brushed in a long curve behind his ears where it curled slightly beneath the groove left by his hat.

When he had flicked lustre into his shoes he stood up and pulled his waistcoat down more tightly on his plump body. Then he took a coin rapidly from his pocket.

"O Lily," he said, thrusting it into her hands, "it's Christmas-time, isn't it? Just... here's a little..."

He walked rapidly towards the door.

— Eh bien, dit Gabriel gaiement, j'imagine qu'un de ces jours nous irons assister à ton mariage avec ton bon ami, hein ?

La jeune fille lui lança un coup d'œil par-dessus son épaule, et dit avec une grande amertume :

— Les hommes qu'il y a au jour d'aujourd'hui c'est tout des belles paroles et ce qu'ils peuvent tirer de vous.

Gabriel rougit, comme s'il sentait qu'il avait fait une bévue et, sans la regarder, se débarrassa de ses caoutchoucs en deux coups de pied, et époussetta énergiquement ses escarpins vernis avec son cache-nez.

C'était un homme jeune, corpulent et plutôt grand. La couleur soutenue de ses joues montait jusqu'à son front, où elle se dispersait en quelques petites taches informes de rouge pâle ; et sur son visage glabre scintillaient, sans repos, les verres polis et la monture dorée des lunettes qui abritaient ses yeux délicats et inquiets. Ses cheveux noirs luisants étaient divisés par une raie au milieu, et la brosse leur avait fait décrire une longue courbe aboutissant derrière les oreilles ; là, ils frisaient légèrement au-dessous de la marque laissée par son chapeau.

Lorsqu'il eut bien lustré ses chaussures, il se leva et tira son gilet pour mieux l'ajuster sur son corps replet. Puis il prit rapidement une pièce dans sa poche.

— Oh, Lily, dit-il en la lui fourrant dans les mains, c'est Noël, n'est-ce pas ? Tiens…, juste un petit…

Il marcha rapidement vers la porte.

"O no, sir!" cried the girl, following him. "Really, sir, I wouldn't take it."

"Christmas-time! Christmas-time!" said Gabriel, almost trotting to the stairs and waving his hand to her in deprecation.

The girl, seeing that he had gained the stairs, called out after him:

"Well, thank you, sir."

He waited outside the drawing-room door until the waltz should finish, listening to the skirts that swept against it and to the shuffling of feet. He was still discomposed by the girl's bitter and sudden retort. It had cast a gloom over him which he tried to dispel by arranging his cuffs and the bows of his tie. He then took from his waistcoat pocket a little paper and glanced at the headings he had made for his speech. He was undecided about the lines from Robert Browning for he feared they would be above the heads of his hearers. Some quotation that they would recognize from Shakespeare or from the Melodies would be better. The indelicate clacking of the men's heels and the shuffling of their soles reminded him that their grade of culture differed from his. He would only make himself ridiculous by quoting poetry to them which they could not understand. They would think that he was airing his superior education. He would fail with them just as he had failed with the girl in the pantry. He had taken up a wrong tone.

— Oh non, monsieur! s'écria la jeune fille en le suivant, vraiment, je ne peux pas accepter.

— C'est Noël! C'est Noël! dit Gabriel en se hâtant presque vers l'escalier et en lui adressant de la main un geste vague de déprécation.

Voyant qu'il avait gagné les marches, elle lui lança:

— Eh bien, merci, monsieur.

Il attendit la fin de la valse derrière la porte du salon, écoutant les robes qui la frôlaient, et les frottements de pieds. Il était encore décontenancé par la réplique brusque et amère de l'adolescente. Son humeur s'en trouvait assombrie et il tenta de dissiper le nuage en arrangeant ses manchettes et les ailes de son nœud de cravate. Puis il prit dans sa poche de gilet un petit bout de papier et jeta un coup d'œil aux rubriques qu'il avait préparées pour son discours. Il était indécis quant aux vers de Robert Browning car il craignait qu'ils ne passent au-dessus de la tête de ses auditeurs. Mieux vaudrait une citation qu'ils pussent identifier tirée de Shakespeare ou des Mélodies[1]. Ces claquements de talons indiscrets et ces frottements de semelles lui rappelaient que le degré de culture de ces gens était différent du sien. Il réussirait seulement à se ridiculiser en leur citant de la poésie qu'ils ne pouvaient pas comprendre. Ils penseraient qu'il faisait parade de son éducation supérieure. Il échouerait avec eux tout comme il avait échoué avec la jeune fille de l'office. Il n'avait pas pris le ton qu'il fallait.

---

1. Les *Irish Melodies* de Thomas Moore (1779-1852), publiées entre 1807 et 1835, étaient particulièrement populaires dans l'Irlande de Joyce.

His whole speech was a mistake from first to last, an utter failure.

Just then his aunts and his wife came out of the ladies' dressing-room. His aunts were two small plainly dressed old women. Aunt Julia was an inch or so the taller. Her hair, drawn low over the tops of her ears, was grey; and grey also, with darker shadows, was her large flaccid face. Though she was stout in build and stood erect her slow eyes and parted lips gave her the appearance of a woman who did not know where she was or where she was going. Aunt Kate was more vivacious. Her face, healthier than her sister's, was all puckers and creases, like a shrivelled red apple, and her hair, braided in the same old-fashioned way, had not lost its ripe nut colour.

They both kissed Gabriel frankly. He was their favourite nephew, the son of their dead elder sister, Ellen, who had married T. J. Conroy of the Port and Docks.

"Gretta tells me you're not going to take a cab back to Monkstown to-night, Gabriel," said Aunt Kate.

"No," said Gabriel, turning to his wife, "we had quite enough of that last year, hadn't we? Don't you remember, Aunt Kate, what a cold Gretta got out of it?

Tout son discours était une bévue du commencement à la fin, c'était un échec complet.

À ce moment précis, ses tantes et sa femme sortirent du vestiaire des dames. Ses tantes étaient deux vieilles femmes de petite taille, habillées simplement. Tante Julia avait deux ou trois centimètres de plus que sa sœur. Ses cheveux, qu'elle faisait descendre bas au point de couvrir le haut des oreilles, étaient gris; et gris aussi, avec des ombres plus foncées, était son grand visage flasque. Bien qu'elle fût solidement bâtie et se tînt très droite, ses yeux lents et ses lèvres entrouvertes lui donnaient l'apparence d'une femme qui ne savait pas où elle était ni où elle allait. Tante Kate avait plus de vivacité. Son visage, plus florissant que celui de sa sœur, n'était que rides et plis, comme une pomme rouge toute recroquevillée, et ses cheveux, nattés à la même mode désuète, n'avaient pas perdu leur chaude couleur noisette.

Elles embrassèrent toutes deux Gabriel de bon cœur. C'était leur neveu préféré, le fils de leur sœur aînée décédée, Ellen, qui avait épousé T. J. Conroy, du Service portuaire.

— Gretta me dit que vous n'allez pas retourner en fiacre à Monkstown[1] ce soir, Gabriel, dit Tante Kate.

— Non, dit Gabriel en se tournant vers sa femme, l'expérience de l'an dernier a suffi, n'est-ce pas? Ne vous souvenez-vous pas, Tante Kate, de ce refroidissement que Gretta en a rapporté?

---

1. Littéralement «La Ville des Moines», cette agglomération est située à environ huit kilomètres du centre de Dublin, dans la direction de Kingstown et de Dalkey.

Cab windows rattling all the way, and the east wind blowing in after we passed Merrion. Very jolly it was. Gretta caught a dreadful cold."

Aunt Kate frowned severely and nodded her head at every word.

"Quite right, Gabriel, quite right," she said. "You can't be too careful."

"But as for Gretta there," said Gabriel, "she'd walk home in the snow if she were let."

Mrs Conroy laughed.

"Don't mind him, Aunt Kate," she said. "He's really an awful bother, what with green shades for Tom's eyes at night and making him do the dumbbells, and forcing Eva to eat the stirabout. The poor child! And she simply hates the sight of it!... O, but you'll never guess what he makes me wear now!"

She broke out into a peal of laughter and glanced at her husband, whose admiring and happy eyes had been wandering from her dress to her face and hair. The two aunts laughed heartily too, for Gabriel's solicitude was a standing joke with them.

"Goloshes!" said Mrs Conroy. "That's the latest. Whenever it's wet underfoot I must put on my goloshes. To-night even he wanted me to put them on, but I wouldn't. The next thing he'll buy me will be a diving suit."

Des fenêtres qui n'arrêtaient pas de trembler et à partir de Merrion le vent d'est qui s'est mis à souffler. Vraiment charmant. Gretta a attrapé un rhume carabiné.

Tante Kate fronçait les sourcils d'un air sévère et approuvait du chef à chaque mot.

— Tu as tout à fait raison, Gabriel, tout à fait, dit-elle. On n'est jamais trop prudent.

— Mais pour ce qui est de Gretta, dit Gabriel, elle rentrerait à pied dans la neige, si on la laissait faire.

Mrs Conroy rit.

— Ne faites pas attention, Tante Kate, dit-elle. C'est un vrai tyran domestique : un jour il faut des abat-jour verts pour que Tom ne s'abîme pas les yeux le soir, une autre fois il lui fait faire des haltères, ensuite il faut forcer Eva à manger son porridge. La pauvre enfant ! Elle qui ne peut pas voir ça !... Oh, mais vous ne devinerez jamais ce qu'il me fait porter maintenant !

Elle partit d'un grand éclat de rire et jeta un coup d'œil à son mari dont les yeux admiratifs et ravis s'étaient promenés de sa robe à son visage et à sa chevelure. Les deux tantes se mirent elles aussi à rire de bon cœur, car la sollicitude de Gabriel était chez elles l'objet d'une plaisanterie rituelle.

— Des caoutchoucs ! dit Mrs Conroy. C'est sa dernière idée. Chaque fois que le sol est humide, je dois mettre mes caoutchoucs. Même ce soir il voulait que je les mette, mais j'ai refusé. La prochaine fois c'est un scaphandre qu'il m'achètera.

Gabriel laughed nervously and patted his tie reassuringly while Aunt Kate nearly doubled herself, so heartily did she enjoy the joke. The smile soon faded from Aunt Julia's face and her mirthless eyes were directed towards her nephew's face. After a pause she asked:

"And what are goloshes, Gabriel?"

"Goloshes, Julia!" exclaimed her sister. "Goodness me, don't you know what goloshes are? You wear them over your... over your boots, Gretta, isn't it?"

"Yes," said Mrs Conroy. "Guttapercha things. We both have a pair now. Gabriel says everyone wears them on the continent."

"O, on the continent," murmured Aunt Julia, nodding her head slowly.

Gabriel knitted his brows and said, as if he were slightly angered:

"It's nothing very wonderful but Gretta thinks it very funny because she says the word reminds her of Christy Minstrels."

"But tell me, Gabriel," said Aunt Kate, with brisk tact. "Of course, you've seen about the room. Gretta was saying..."

"O, the room is all right," replied Gabriel. "I've taken one in the Gresham."

---

1. Troupe de chanteurs ambulants, souvent déguisés en Noirs, fondée par un certain George Christy, de New York, au XIXe siècle. Leur présentation et leur style se répandirent dans les pays anglo-saxons, et ils se trouvèrent en particulier associés aux fêtes de Noël.

2. L'un des plus grands et des plus luxueux hôtels de Dublin,

Gabriel rit d'un air gêné et tapota sa cravate comme pour se rassurer, cependant que Tante Kate se pliait presque en deux, tant la plaisanterie lui mettait le cœur en joie. Le sourire disparut bientôt du visage de Tante Julia et ses yeux sans gaieté se dirigèrent vers le visage de son neveu. Après un silence elle demanda :

— Et qu'est-ce que c'est des caoutchoucs, Gabriel ?

— Des caoutchoucs, Julia ! s'exclama sa sœur. Mon Dieu, tu ne sais pas ce que c'est ? Ça se porte par-dessus les... par-dessus les chaussures, n'est-ce pas, Gretta ?

— Oui, dit Mrs Conroy. Des choses en gutta-percha. Nous en avons chacun une paire maintenant. Gabriel dit que tout le monde en porte sur le Continent.

— Ah oui, sur le Continent, murmura Tante Julia en hochant la tête lentement.

Gabriel fronça les sourcils et dit, comme s'il était un peu en colère :

— Cela n'a rien de bien extraordinaire mais Gretta trouve que c'est très drôle parce que le nom, dit-elle, lui rappelle les Christy Minstrels[1].

— Mais, dis-moi, Gabriel, lança vivement Tante Kate avec tact. Tu t'es bien sûr occupé de la chambre. Gretta était en train de dire...

— Oh, tout va bien du côté de la chambre, répliqua Gabriel. J'en ai pris une au Gresham[2].

---

dans O'Connell Street (alors Sackville Street). Lorsque la famille Joyce habitait encore à Bray, au sud de Dublin, John Joyce, père de l'écrivain, et sa femme, lors de la réception de Usher's Island, laissaient leurs enfants à la garde d'une gouvernante et passaient la nuit dans un hôtel de Dublin.

"To be sure," said Aunt Kate, "by far the best thing to do. And the children, Gretta, you're not anxious about them?"

"O, for one night," said Mrs Conroy. "Besides, Bessie will look after them."

"To be sure," said Aunt Kate again. "What a comfort it is to have a girl like that, one you can depend on! There's that Lily, I'm sure I don't know what has come over her lately. She's not the girl she was at all."

Gabriel was about to ask his aunt some questions on this point but she broke off suddenly to gaze after her sister who had wandered down the stairs and was craning her neck over the banisters.

"Now, I ask you," she said, almost testily, "where is Julia going? Julia! Julia! Where are you going?"

Julia, who had gone halfway down one flight, came back and announced blandly:

"Here's Freddy."

At the same moment a clapping of hands and a final flourish of the pianist told that the waltz had ended. The drawing-room door was opened from within and some couples came out. Aunt Kate drew Gabriel aside hurriedly and whispered into his ear:

"Slip down, Gabriel, like a good fellow and see if he's all right, and don't let him up if he's screwed. I'm sure he's screwed. I'm sure he is."

— Assurément, c'était de loin ce qu'il y avait de mieux à faire, dit Tante Kate. Et les enfants, Gretta, tu ne te fais pas de souci pour eux ?

— Oh, pour une nuit, fit Mrs Conroy. D'ailleurs, Bessie s'occupera d'eux.

— Assurément, répéta Tante Kate. Quelle tranquillité d'avoir une jeune fille comme ça, à qui on peut faire toute confiance. Tenez, cette Lily, vraiment je ne sais pas ce qui lui arrive ces temps derniers. Elle n'est plus du tout ce qu'elle était.

Gabriel allait poser à sa tante quelques questions à ce sujet, mais elle s'interrompit tout à coup pour suivre du regard sa sœur qui s'en était allée, descendant l'escalier et tendant le cou par-dessus la rampe.

— Enfin, je vous demande, fit-elle, presque avec humeur, où s'en va-t-elle ? Julia ! Julia ! Où vas-tu ?

Julia, qui avait descendu la moitié d'une volée de marches, revint et annonça d'un ton doux :

— Voilà Freddy[1].

Au même moment des applaudissements et le finale enlevé de la pianiste leur annoncèrent que la valse était terminée. La porte du salon fut ouverte de l'intérieur et quelques couples sortirent. Tante Kate tira Gabriel à part précipitamment et lui glissa à l'oreille :

— Gabriel, sois gentil, descends voir s'il est dans un état acceptable, et s'il est éméché ne le laisse pas monter. Je suis sûre qu'il est éméché. J'en suis sûre.

---

1. Mrs Lyons avait un fils nommé Freddy, qui, comme ce Freddy Malins, tenait une boutique de cartes de Noël, dans Grafton Street.

Gabriel went to the stairs and listened over the banisters. He could hear two persons talking in the pantry. Then he recognized Freddy Malins' laugh. He went down the stairs noisily.

"It's such a relief," said Aunt Kate to Mrs Conroy, "that Gabriel is here. I always feel easier in my mind when he's here... Julia, there's Miss Daly and Miss Power will take some refreshment. Thanks for your beautiful waltz, Miss Daly. It made lovely time."

A tall wizen-faced man, with a stiff grizzled moustache and swarthy skin, who was passing out with his partner said:

"And may we have some refreshment, too, Miss Morkan?"

"Julia," said Aunt Kate summarily, "and here's Mr Browne and Miss Furlong. Take them in, Julia, with Miss Daly and Miss Power."

"I'm the man for the ladies," said Mr Browne, pursing his lips until his moustache bristled and smiling in all his wrinkles. "You know, Miss Morkan, the reason they are so fond of me is –"

He did not finish his sentence, but, seeing that Aunt Kate was out of earshot, at once led the three young ladies into the back room. The middle of the room was occupied by two square tables placed end to end, and on these Aunt Julia and the caretaker were straightening and smoothing a large cloth. On the sideboard were arrayed dishes and plates, and glasses and bundles of knives and forks and spoons.

Gabriel s'approcha de l'escalier et tendit l'oreille par-dessus la rampe. Il pouvait entendre deux personnes en train de parler dans l'office. Puis il reconnut le rire de Freddy Malins. Il descendit l'escalier bruyamment.

— Quel soulagement que Gabriel soit là ! dit Tante Kate à Mrs Conroy. J'ai toujours l'esprit plus libre quand il est là… Julia, voici Miss Daly et Miss Power qui je crois prendraient volontiers quelque chose. Merci pour votre très belle valse, Miss Daly. Elle était très bien rythmée.

Un homme de haute taille, aux traits ratatinés, dont le visage hâlé s'ornait d'une moustache grisonnante et raide, dit en s'en allant avec sa cavalière :

— Pouvons-nous aussi prendre quelque chose, Miss Morkan ?

— Julia, dit Tante Kate brièvement, voici encore Mr Browne et Miss Furlong. Conduis-les, Julia, avec Miss Daly et Miss Power.

— Je suis le chevalier servant de toutes les dames, dit Mr Browne en pinçant les lèvres, ce qui eut pour effet de hérisser sa moustache, et en souriant de toutes ses rides. Vous savez, Miss Morkan, si je leur plais tant, c'est que…

Il ne finit pas sa phrase mais, voyant que Tante Kate n'était plus à portée de voix, il conduisit tout de suite les trois jeunes filles dans la pièce du fond. Le milieu de celle-ci était occupé par deux tables carrées, placées bout à bout, sur lesquelles Tante Julia et la concierge étaient en train d'arranger et de lisser une grande nappe. Sur le buffet étaient alignés des plats et des assiettes, des verres et des séries de couteaux, de fourchettes et de cuillers.

The top of the closed square piano served also as a sideboard for viands and sweets. At a smaller sideboard in one corner two young men were standing, drinking hop-bitters.

Mr Browne led his charges thither and invited them all, in jest, to some ladies' punch, hot, strong and sweet. As they said they never took anything strong he opened three bottles of lemonade for them. Then he asked one of the young men to move aside, and, taking hold of the decanter, filled out for himself a goodly measure of whisky. The young men eyed him respectfully while he took a trial sip.

"God help me," he said, smiling, "it's the doctor's orders."

His wizened face broke into a broader smile, and the three young ladies laughed in musical echo to his pleasantry, swaying their bodies to and fro, with nervous jerks of their shoulders. The boldest said:

"O, now, Mr Browne, I'm sure the doctor never ordered anything of the kind."

Mr Browne took another sip of his whisky and said, with sidling mimicry:

"Well, you see, I'm like the famous Mrs Cassidy, who is reported to have said: 'Now, Mary Grimes, if I don't take it, make me take it, for I feel I want it.'"

His hot face had leaned forward a little too confidentially and he had assumed a very low Dublin accent so that the young ladies,

Le dessus du piano carré, qu'on avait fermé, servait aussi de buffet pour les mets et les sucreries. Près d'un buffet plus petit, dans un coin, deux jeunes gens étaient en train de boire des hop-bitters[1].

Mr Browne conduisit ses protégées de ce côté-là et les invita toutes, en manière de plaisanterie, à prendre du punch pour dames, brûlant, fort et doux. Lorsqu'elles répondirent qu'elles ne prenaient jamais rien de fort, il leur ouvrit trois bouteilles de limonade. Puis il demanda à l'un des jeunes gens de se pousser et, s'emparant de la carafe, se servit une belle et bonne ration de whisky. Les jeunes gens le considérèrent avec respect tandis qu'il goûtait une première petite gorgée.

— Dieu merci, dit-il en souriant, mon médecin me l'a ordonné.

Son sourire s'élargit sur son visage ratatiné, et les trois jeunes filles rirent en écho musical à sa facétie, ployant le corps de côté et d'autre, avec de petits gestes nerveux des épaules. La plus hardie répliqua :

— Allons, Mr Browne, je suis sûre que votre docteur n'a rien ordonné de tel.

Mr Browne prit une autre petite gorgée de whisky et dit, avec une mimique enjôleuse :

— Eh bien, voyez-vous, je suis comme la célèbre Mrs Cassidy, qui a dit, rapporte-t-on : « Allons, Mary Grimes, si je n'en prends pas, force-moi à en prendre, car je sens que j'en ai besoin. »

Son visage échauffé s'était penché de façon un peu trop confidentielle et il avait pris un accent dublinois canaille de sorte que les jeunes filles,

---

1. Sorte de boisson non fermentée, au houblon.

with one instinct, received his speech in silence. Miss Furlong, who was one of Mary Jane's pupils, asked Miss Daly what was the name of the pretty waltz she had played; and Mr Browne, seeing that he was ignored, turned promptly to the two young men who were more appreciative.

A red-faced young woman, dressed in pansy, came into the room, excitedly clapping her hands and crying:

"Quadrilles! Quadrilles!"

Close on her heels came Aunt Kate, crying:

"Two gentlemen and three ladies, Mary Jane!"

"O, here's Mr Bergin and Mr Kerrigan," said Mary Jane. "Mr Kerrigan, will you take Miss Power? Miss Furlong, may I get you a partner, Mr Bergin. O, that'll just do now."

"Three ladies, Mary Jane," said Aunt Kate.

The two young gentlemen asked the ladies if they might have the pleasure, and Mary Jane turned to Miss Daly.

"O, Miss Daly, you're really awfully good, after playing for the last two dances, but really we're so short of ladies to-night."

"I don't mind in the least, Miss Morkan."

"But I've a nice partner for you, Mr Bartell D'Arcy, the tenor. I'll get him to sing later on. All Dublin is raving about him."

d'un accord instinctif, reçurent son discours en silence. Miss Furlong, qui était une élève de Mary Jane, demanda à Miss Daly le nom de la jolie valse qu'elle avait jouée; et Mr Browne, voyant qu'on ne faisait pas cas de lui, se tourna promptement vers les deux jeunes gens qui étaient mieux disposés à l'apprécier.

Une jeune femme rougeaude, dans une robe de couleur pensée, entra dans la pièce, très excitée, frappant dans ses mains et s'écriant :

— Un quadrille! Un quadrille!

Juste sur ses talons arriva Tante Kate, qui s'écria :

— Mary Jane, il me faut deux messieurs et trois dames!

— Oh, voici Mr Bergin et Mr Kerrigan, dit Mary Jane. Mr Kerrigan, voulez-vous prendre Miss Power? Miss Furlong, puis-je vous donner pour cavalier Mr Bergin. Oh, voilà qui est parfait.

— Trois dames, Mary Jane, fit Tante Kate.

Les deux jeunes gens demandèrent s'ils pouvaient avoir le plaisir, et Mary Jane se tourna vers Miss Daly.

— Miss Daly, c'est si gentil à vous, après avoir joué ces deux dernières danses, mais vraiment nous avons tellement peu de dames ce soir.

— Je n'y vois pas le moindre inconvénient, Miss Morkan.

— Mais j'ai un charmant cavalier pour vous : Mr Bartell D'Arcy, le ténor[1]. Je m'arrangerai pour le faire chanter plus tard. C'est la coqueluche de Dublin.

---

1. Ce personnage est, en partie au moins, inspiré de Barton M'Guckin, premier ténor de la Carl Rosa Opera Company, connu pour son manque de confiance en lui.

"Lovely voice, lovely voice!" said Aunt Kate.

As the piano had twice begun the prelude to the first figure Mary Jane led her recruits quickly from the room. They had hardly gone when Aunt Julia wandered slowly into the room, looking behind her at something.

"What is the matter, Julia?" asked Aunt Kate anxiously. "Who is it?"

Julia, who was carrying in a column of table-napkins, turned to her sister and said, simply, as if the question had surprised her:

"It's only Freddy, Kate, and Gabriel with him."

In fact right behind her Gabriel could be seen piloting Freddy Malins across the landing. The latter, a young man of about forty, was of Gabriel's size and build, with very round shoulders. His face was fleshy and pallid, touched with colour only at the thick hanging lobes of his ears and at the wide wings of his nose. He had coarse features, a blunt nose, a convex and receding brow, tumid and protruded lips. His heavylidded eyes and the disorder of his scanty hair made him look sleepy. He was laughing heartily in a high key at a story which he had been telling Gabriel on the stairs and at the same time rubbing the knuckles of his left fist backwards and forwards into his left eye.

"Good evening, Freddy," said Aunt Julia.

— Très jolie voix, très jolie ! dit Tante Kate.

Le piano ayant déjà joué deux fois le prélude de la première figure, ces nouvelles recrues quittèrent rapidement la pièce sous la conduite de Mary Jane. À peine étaient-ils sortis que Tante Julia entra lentement, l'air perdu, regardant quelque chose derrière elle.

— Qu'y a-t-il, Julia ? fit Tante Kate d'un air inquiet. De qui s'agit-il ?

Julia, qui apportait une pile de serviettes de table, se tourna vers sa sœur et dit, avec simplicité, comme si la question l'avait surprise :

— Ce n'est que Freddy, Kate, et Gabriel est avec lui.

Et, de fait, derrière elle, on pouvait voir Gabriel traverser le palier en pilotant Freddy Malins. Ce dernier, homme encore jeune, aux environs de la quarantaine, avait la taille et le gabarit de Gabriel, avec des épaules très arrondies. Le visage était empâté et blême, relevé d'une touche colorée seulement aux lobes des oreilles, épais et tombants, et aux ailes de son nez épaté. Ses traits étaient vulgaires, son nez obtus, son front convexe et fuyant, sa lippe gourmande. Ses yeux aux paupières lourdes et le désordre de ses cheveux clairsemés lui donnaient l'air ensommeillé. Il était en train de rire de bon cœur, sur un ton haut perché, de l'histoire qu'il venait de raconter à Gabriel dans l'escalier et, en même temps, il se frottait l'œil gauche avec la dernière vigueur, dans un sens puis dans l'autre, à l'aide de son poing gauche.

— Bonsoir, Freddy, dit Tante Julia.

Freddy Malins bade the Misses Morkan good-evening in what seemed an offhand fashion by reason of the habitual catch in his voice and then, seeing that Mr Browne was grinning at him from the sideboard, crossed the room on rather shaky legs and began to repeat in an undertone the story he had just told to Gabriel.

"He's not so bad, is he?" said Aunt Kate to Gabriel.

Gabriel's brows were dark but he raised them quickly and answered:

"O no, hardly noticeable."

"Now, isn't he a terrible fellow!" she said. "And his poor mother made him take the pledge on New Year's Eve. But come on, Gabriel, into the drawing-room."

Before leaving the room with Gabriel she signalled to Mr Browne by frowning and shaking her forefinger in warning to and fro. Mr Browne nodded in answer and, when she had gone, said to Freddy Malins:

"Now, then, Teddy, I'm going to fill you out a good glass of lemonade just to buck you up."

Freddy Malins, who was nearing the climax of his story, waved the offer aside impatiently but Mr Browne, having first called Freddy Malins' attention to a disarray in his dress, filled out and handed him a full glass of lemonade. Freddy Malins' left hand accepted the glass mechanically, his right hand being engaged in the mechanical readjustment of his dress. Mr Browne, whose face was once more wrinkling with mirth,

Freddy Malins souhaita le bonsoir aux demoiselles Morkan d'une manière qui paraissait cavalière en raison de sa voix comme d'habitude fêlée, puis, apercevant près du buffet Mr Browne qui lui adressait un large sourire, il traversa la pièce d'une démarche quelque peu incertaine et se mit à répéter à mi-voix l'histoire qu'il venait de raconter à Gabriel.

— Il n'est pas si mal en point, n'est-ce pas ? dit Tante Kate à Gabriel.

Le front de ce dernier était sombre mais il leva vite les sourcils et répondit :

— Oh, non, cela se remarque à peine.

— Vraiment, ce garçon est incorrigible ! fit-elle. Dire que la veille du Nouvel An sa mère lui a fait prendre l'engagement de ne plus boire. Mais viens donc au salon, Gabriel.

Avant de quitter la pièce avec Gabriel, elle s'adressa par signes à Mr Browne, fronçant les sourcils et faisant de l'index un geste négatif d'avertissement. Mr Browne répondit par un acquiescement du chef et, après son départ, dit à Freddy Malins :

— Allons, Teddy, je vais te servir un bon verre de limonade, histoire de te ravigoter.

Freddy Malins, dont l'histoire approchait de sa conclusion, écarta l'offre d'un geste impatient, mais Mr Browne, après avoir attiré son attention sur certain désordre de ses vêtements, lui remplit et lui tendit un plein verre de limonade. La main gauche de Freddy Malins accepta le verre machinalement, sa main droite étant occupée non moins machinalement à rectifier sa tenue. Mr Browne, dont le visage était à nouveau plissé par l'hilarité,

poured out for himself a glass of whisky while Freddy Malins exploded, before he had well reached the climax of his story, in a kink of high-pitched bronchitic laughter and, setting down his untasted and overflowing glass, began to rub the knuckles of his left fist backwards and forwards into his left eye, repeating words of his last phrase as well as his fit of laughter would allow him.

. . . .

Gabriel could not listen while Mary Jane was playing her Academy piece, full of runs and difficult passages, to the hushed drawing-room. He liked music but the piece she was playing had no melody for him and he doubted whether it had any melody for the other listeners, though they had begged Mary Jane to play something. Four young men, who had come from the refreshment-room to stand in the doorway at the sound of the piano, had gone away quietly in couples after a few minutes. The only persons who seemed to follow the music were Mary Jane herself, her hands racing along the key-board or lifted from it at the pauses like those of a priestess in momentary imprecation, and Aunt Kate standing at her elbow to turn the page.

Gabriel's eyes, irritated by the floor, which glittered with beeswax under the heavy chandelier, wandered to the wall above the piano.

se versa un verre de whisky cependant que Freddy Malins explosait, avant même d'avoir vraiment atteint le point culminant de son histoire, d'un rire maniaque, haut perché, bronchitique, et, posant, sans y porter les lèvres, son verre en train de déborder, se mettait à frotter son œil gauche avec la dernière vigueur, dans un sens puis dans l'autre à l'aide de son poing gauche, répétant des mots de sa dernière formule, autant que son fou rire le lui permettait.

....

Gabriel n'arrivait pas à être attentif pendant que Mary Jane jouait pour le salon maintenant silencieux son morceau du Conservatoire, plein de roulades et de passages difficiles. Il était amateur de musique mais le morceau qu'elle jouait était pour lui dépourvu de mélodie et il doutait qu'il en eût pour les autres auditeurs, bien qu'ils eussent supplié Mary Jane de leur jouer quelque chose. Quatre jeunes gens, qui, abandonnant le buffet aux premières notes du piano, étaient venus se poster dans l'embrasure de la porte, étaient repartis discrètement deux par deux au bout de quelques minutes. Les seules personnes qui semblaient suivre la musique étaient Mary Jane elle-même, dont les mains couraient sur le clavier ou bien, aux pauses, restaient suspendues comme celles d'une prêtresse prononçant une brève imprécation, et Tante Kate, debout à son côté pour tourner la page.

Les yeux de Gabriel, irrités par l'éclat excessif que le lustre lourd donnait au plancher bien ciré, se mirent à errer, au-dessus du piano, vers le mur.

A picture of the balcony scene in *Romeo and Juliet* hung there and beside it was a picture of the two murdered princes in the Tower which Aunt Julia had worked in red, blue and brown wools when she was a girl. Probably in the school they had gone to as girls that kind of work had been taught for one year his mother had worked for him as a birthday present a waistcoat of purple tabinet, with little foxes' heads upon it, lined with brown satin and having round mulberry buttons. It was strange that his mother had had no musical talent though Aunt Kate used to call her the brains carrier of the Morkan family. Both she and Julia had always seemed a little proud of their serious and matronly sister. Her photograph stood before the pierglass. She had an open book on her knees and was pointing out something in it to Constantine who, dressed in a man-o'-war suit, lay at her feet. It was she who had chosen the names for her sons for she was very sensible of the dignity of family life. Thanks to her, Constantine was now senior curate in Balbriggan and, thanks to her, Gabriel himself had taken his degree in the Royal University. A shadow passed over his face as he remembered her sullen opposition to his marriage. Some slighting phrases she had used still rankled in his memory;

---

1. Les deux jeunes fils d'Édouard IV assassinés en 1483 sur l'ordre de leur oncle Richard III.
2. À environ 35 km au nord de Dublin.
3. La Royal University of Ireland, fondée en 1882 sur le modèle

Il y avait là, côte à côte, un tableau de la scène du balcon de *Roméo et Juliette* et une tapisserie de laines rouge, bleue et marron représentant les deux princes assassinés de la Tour de Londres[1], œuvre d'adolescence de Tante Julia. C'est probablement à l'école qu'elles fréquentaient dans leur jeunesse qu'on leur avait enseigné ce genre de travail, car une année, comme cadeau d'anniversaire, sa mère lui avait confectionné un gilet de popeline d'Irlande violet, décoré de petites têtes de renard et doublé de satin brun, avec des boutons de mûrier. Il était étrange que sa mère n'ait eu aucun talent pour la musique bien que Tante Kate eût coutume de l'appeler la tête pensante de la famille Morkan. Elle et Julia avaient toujours semblé assez fières de cette sœur sérieuse, incarnation des vertus domestiques. Sa photographie était disposée devant le trumeau. Elle tenait sur les genoux un livre ouvert dans lequel elle montrait quelque chose à Constantin qui, habillé en costume marin, était étendu à ses pieds. C'est elle qui avait choisi le nom de ses fils, car elle avait une haute conscience de la dignité de la vie de famille. Grâce à elle, Constantin était maintenant premier vicaire à Balbriggan[2], et c'est grâce à elle encore que Gabriel avait pris son diplôme à l'Université Royale[3]. Une ombre passa sur le visage de Gabriel au souvenir de l'opposition butée qu'elle avait marquée à son mariage. Certaines expressions méprisantes qui lui revenaient en mémoire l'ulcéraient encore ;

de certaines universités anglaises récentes, n'exigeait aucune condition de résidence ou d'assiduité aux cours, à la différence de Trinity College, protestante, ou University College, catholique ; elle avait pour seule fonction de délivrer des diplômes.

she had once spoken of Gretta as being country cute and that was not true of Gretta at all. It was Gretta who had nursed her during all her last long illness in their house at Monkstown.

He knew that Mary Jane must be near the end of her piece for she was playing again the opening melody with runs of scales after every bar and while he waited for the end the resentment died down in his heart. The piece ended with a trill of octaves in the treble and a final deep octave in the bass. Great applause greeted Mary Jane as, blushing and rolling up her music nervously, she escaped from the room. The most vigorous clapping came from the four young men in the doorway who had gone away to the refreshment-room at the beginning of the piece but had come back when the piano had stopped.

Lancers were arranged. Gabriel found himself partnered with Miss Ivors. She was a frank-mannered talkative young lady, with a freckled face and prominent brown eyes. She did not wear a low-cut bodice and the large brooch which was fixed in the front of her collar bore on it an Irish device.

When they had taken their places she said abruptly:

"I have a crow to pluck with you."

"With me?" said Gabriel.

She nodded her head gravely.

"What is it?" asked Gabriel, smiling at her solemn manner.

elle avait un jour qualifié Gretta de matoise et cela, ce n'était pas vrai du tout de Gretta. C'est Gretta qui l'avait soignée tout au long de sa dernière maladie dans leur maison de Monkstown.

Il savait que Mary Jane devait approcher de la fin de son morceau, car elle rejouait la mélodie initiale entrecoupée de gammes après chaque mesure et, tandis qu'il attendait la fin, le ressentiment s'éteignit dans son cœur. Le morceau s'acheva sur un trille à l'octave dans l'aigu et un octave final grave dans les basses. Des applaudissements nourris saluèrent Mary Jane lorsque, toute rougissante et roulant nerveusement sa musique, elle s'échappa du salon. Les plus bruyants vinrent des quatre jeunes gens postés près de la porte, qui étaient allés au buffet au début du morceau, mais étaient revenus lorsque le piano s'était tu.

On organisa un quadrille des lanciers. Gabriel se retrouva le cavalier de Miss Ivors[1], jeune personne aux manières directes, volubile, le visage criblé de taches de rousseur, les yeux noisette proéminents. Son corsage n'était pas décolleté, et la grosse broche fixée sur le devant de son col portait un emblème irlandais.

Lorsqu'ils eurent pris place, elle dit avec brusquerie :

— J'ai un vilain petit compte à régler avec vous.

— Avec moi ? fit Gabriel.

Elle hocha la tête gravement.

— De quoi s'agit-il ? demanda Gabriel, souriant de son air solennel.

---

1. Ce personnage semble avoir été calqué assez précisément sur une amie de James Joyce, Kathleen Sheehy.

"Who is G. C.?" answered Miss Ivors, turning her eyes upon him.

Gabriel coloured and was about to knit his brows, as if he did not understand, when she said bluntly:

"O, innocent Amy! I have found out that you write for *The Daily Express*. Now, aren't you ashamed of yourself?"

"Why should I be ashamed of myself?" asked Gabriel, blinking his eyes and trying to smile.

"Well, I'm ashamed of you," said Miss Ivors frankly. "To say you'd write for a rag like that. I didn't think you were a West Briton."

A look of perplexity appeared on Gabriel's face. It was true that he wrote a literary column every Wednesday in *The Daily Express*, for which he was paid fifteen shillings. But that did not make him a West Briton surely. The books he received for review were almost more welcome than the paltry cheque. He loved to feel the covers and turn over the pages of newly printed books. Nearly every day when his teaching in the college was ended he used to wander down the quays to the second-hand booksellers, to Hickey's on Bachelor's Walk, to Webb's or Massey's on Aston's Quay, or to O'Clohissey's in the by-street. He did not know how to meet her charge.

---

1. Journal conservateur hostile aux nationalistes. James Joyce y écrivit une série de comptes rendus d'ouvrages en 1903. Dans *Ulysse*, Leopold Bloom dit d'un certain J. J. O'Molloy: «Je crois qu'il écrit quelques articles littéraires avec Gabriel Conroy pour *L'Express*.»

Les morts

— Qui est G. C. ? répondit Miss Ivors, en braquant les yeux sur lui.

La couleur monta au visage de Gabriel, et il allait froncer les sourcils, comme s'il ne comprenait pas, lorsqu'elle dit carrément :

— Oh, innocent Amy ! J'ai découvert que vous écriviez pour le *Daily Express*[1]. Alors, vous n'avez pas honte ?

— Pourquoi aurais-je honte ? demanda Gabriel, clignant les yeux et s'efforçant de sourire.

— Eh bien, moi, j'ai honte de vous, dit Miss Ivors avec franchise. Dire que vous écrivez pour un pareil torchon. Je ne pensais pas que vous étiez Angliche[2].

La perplexité se peignit sur le visage de Gabriel. Il était exact qu'il écrivait une chronique littéraire tous les mercredis dans le *Daily Express*, pour laquelle on le payait quinze shillings. Mais ce n'était sûrement pas cela qui faisait de lui un Angliche. Les livres qu'il recevait ainsi comptaient presque plus pour lui que le misérable chèque. Il aimait palper les couvertures et tourner les pages de livres nouvellement imprimés. Presque chaque jour, une fois ses cours terminés au collège, il avait coutume de vaguer le long des quais du côté des bouquinistes, que ce soit Hickey sur Bachelor's Walk, Webb ou Massey sur Aston's Quay, ou O'Clohissey dans la ruelle[3]. Il ne savait comment répondre à son accusation.

---

2. *West Briton*, terme péjoratif désignant à cette époque un Irlandais passé de quelque façon dans le camp anglais.
3. Bedford Row, proche d'Aston's Quay. Ces noms et ces adresses sont authentiques.

He wanted to say that literature was above politics. But they were friends of many years' standing and their careers had been parallel, first at the University and then as teachers: he could not risk a grandiose phrase with her. He continued blinking his eyes and trying to smile and murmured lamely that he saw nothing political in writing reviews of books.

When their turn to cross had come he was still perplexed and inattentive. Miss Ivors promptly took his hand in a warm grasp and said in a soft friendly tone:

"Of course, I was only joking. Come, we cross now."

When they were together again she spoke of the University question and Gabriel felt more at ease. A friend of hers had shown her his review of Browning's poems. That was how she had found out the secret: but she liked the review immensely. Then she said suddenly:

"O, Mr Conroy, will you come for an excursion to the Aran Isles this summer? We're going to stay there a whole month. It will be splendid out in the Atlantic. You ought to come.

---

1. Trinity College avait été fondé en 1591 dans le dessein explicite de propager la Réforme en Irlande. En 1873, elle s'ouvrit en principe aux catholiques, qui néanmoins devaient la bouder encore longtemps, et rechercher d'autres solutions : l'Université Royale, dont on vient de parler, et University College, dirigée par les Jésuites, où Joyce fit ses études. Mais dans les premières années du siècle le débat restait ouvert.

2. Petites îles situées à l'ouest de l'Irlande, au large de Galway,

Il avait envie de dire que la littérature était au-dessus de la politique. Mais ils étaient amis de longue date et avaient eu des carrières parallèles, d'abord à l'Université puis en tant que professeurs : avec elle il ne pouvait risquer une formule grandiloquente. Il continua à cligner les yeux et à essayer de sourire en murmurant gauchement qu'il ne voyait pas comment le fait d'écrire des chroniques littéraires avait une signification politique.

Quand ce fut leur tour de se croiser, il était encore perplexe et inattentif. Miss Ivors prit vivement sa main en une chaude étreinte et lui dit d'un ton doucement amical :

— Bien sûr, c'était pure plaisanterie de ma part. Allons, maintenant nous nous croisons.

Lorsqu'ils furent ensemble à nouveau, elle lui parla de la question universitaire[1] et Gabriel se sentit plus à l'aise. Une amie à elle lui avait montré le compte rendu qu'il avait fait des poèmes de Browning. C'est ainsi qu'elle avait découvert le secret : mais elle aimait énormément ce compte rendu. Puis elle dit tout à coup :

— Oh, dites, Mr Conroy, voulez-vous venir en excursion aux îles d'Aran[2] cet été ? Nous allons y rester un mois entier. Ce sera merveilleux d'être en plein Atlantique. Vous devriez venir.

---

dont les habitants restaient, et dans une certaine mesure restent encore aujourd'hui, rigoureusement fidèles à l'ancienne culture irlandaise, en particulier la langue ; d'où leur importance et leur valeur de symbole à l'époque de la Renaissance celtique, à partir de la fin des années 1880. Ainsi, le séjour que John Millington Synge y fit en 1898 eut un effet décisif sur la forme et sur les thèmes de son œuvre théâtrale. On remarquera, en écho au présent récit, que Joyce y emmena sa femme Nora en 1912.

Mr Clancy is coming, and Mr Killkelly and Kathleen Kearney. It would be splendid for Gretta too if she'd come. She's from Connacht, isn't she?"

"Her people are," said Gabriel shortly.

"But you will come, won't you?" said Miss Ivors, laying her warm hand eagerly on his arm.

"The fact is," said Gabriel, "I have already arranged to go –"

"Go where?" asked Miss Ivors.

"Well, you know, every year I go for a cycling tour with some fellows and so –"

"But where?" asked Miss Ivors.

"Well, we usually go to France or Belgium or perhaps Germany," said Gabriel awkwardly.

"And why do you go to France and Belgium," said Miss Ivors, "instead of visiting your own land?"

"Well," said Gabriel, "it's partly to keep in touch with the languages and partly for a change."

"And haven't you your own language to keep in touch with – Irish?" asked Miss Ivors.

"Well," said Gabriel, "if it comes to that, you know, Irish is not my language*."

---

* Il faut se souvenir que l'irlandais, à la veille de la Renaissance celtique, dans les années 1880, n'était plus guère parlé que dans l'ouest de l'Irlande, par une petite minorité de paysans. Une question largement débattue dans les milieux littéraires était précisément de savoir dans quelle langue un écrivain irlandais devait écrire.

Il y aura Mr Clancy, et Mr Killkelly et Kathleen Kearney. Ce serait merveilleux pour Gretta aussi, si elle venait. Elle est bien originaire du Connacht[1]?

— Sa famille, oui, répondit Gabriel brièvement.

— Mais vous viendrez, vous, n'est-ce pas? dit-elle en posant avec ardeur une main chaude sur son bras.

— À vrai dire, fit Gabriel, j'ai déjà pris mes dispositions pour aller...

— Aller où? demanda-t-elle.

— Eh bien, vous savez, chaque année je pars faire un tour à bicyclette avec quelques camarades et de ce fait...

— Mais où? demanda Miss Ivors.

— Eh bien, d'ordinaire nous allons en France ou en Belgique ou en Allemagne à l'occasion, dit Gabriel d'un ton gêné.

— Et pourquoi allez-vous en France et en Belgique, dit Miss Ivors, au lieu de visiter votre propre pays?

— Eh bien, c'est en partie pour ne pas perdre le contact avec ces langues et en partie pour le changement.

— Et n'avez-vous pas aussi à garder le contact avec votre propre langue — l'irlandais? demanda Miss Ivors.

— Eh bien, si vous y allez par là, vous savez, l'irlandais n'est pas ma langue.

---

1. L'une des quatre provinces de l'Irlande, qui correspond en gros aux comtés de l'Ouest. C'est de là (plus précisément de Galway, la plus grande ville) que Nora, elle aussi, était originaire. Joyce semble avoir partagé les préjugés des Dublinois sur la rusticité de ses compatriotes de l'Ouest: dans une lettre à Nora du 22 août 1912, il écrit: «J'espère que tu te laves les dents. Si tu n'es pas élégante je te renverrai à Galway...»

Their neighbours had turned to listen to the cross-examination. Gabriel glanced right and left nervously and tried to keep his good humour under the ordeal which was making a blush invade his forehead.

"And haven't you your own land to visit," continued Miss Ivors, "that you know nothing of, your own people, and your own country?"

"O, to tell you the truth," retorted Gabriel suddenly, "I'm sick of my own country, sick of it!"

"Why?" asked Miss Ivors.

Gabriel did not answer for his retort had heated him.

"Why?" repeated Miss Ivors.

They had to go visiting together and, as he had not answered her, Miss Ivors said warmly:

"Of course, you've no answer."

Gabriel tried to cover his agitation by taking part in the dance with great energy. He avoided her eyes for he had seen a sour expression on her face. But when they met in the long chain he was surprised to feel his hand firmly pressed. She looked at him from under her brows for a moment quizzically until he smiled. Then, just as the chain was about to start again, she stood on tiptoe and whispered into his ear:

"West Briton!"

When the lancers were over Gabriel went away to a remote corner of the room where Freddy Malins' mother was sitting. She was a stout feeble old woman with white hair.

Leurs voisins s'étaient détournés pour assister à cet interrogatoire en règle. Gabriel jetait à droite et à gauche des regards gênés et tentait de garder sa bonne humeur dans cette épreuve qui lui faisait monter le rouge au front.

— Et n'avez-vous pas votre propre pays à visiter, dont vous ignorez tout, poursuivait Miss Ivors, votre pays et votre peuple ?

— Oh, pour vous dire la vérité, riposta Gabriel tout à coup, j'en ai par-dessus la tête de mon pays, par-dessus la tête !

— Pourquoi ? demanda Miss Ivors.

Gabriel ne répondit pas, car sa riposte l'avait par trop échauffé.

— Pourquoi ? répéta Miss Ivors.

C'était leur tour d'aller en visite et, comme il ne lui avait pas répondu, elle dit avec chaleur :

— Bien sûr, vous n'avez rien à répondre.

Gabriel tenta de dissimuler son agitation en participant à la danse avec une énergie accrue. Il évita ses yeux, car il avait vu sur son visage une expression d'aigreur. Mais lorsqu'ils se rencontrèrent dans la longue chaîne, il fut surpris de sentir sa main pressée fermement. Elle le regarda un moment en dessous d'un air énigmatique jusqu'à ce qu'il sourît. Alors, au moment précis où la chaîne allait repartir, elle se haussa sur la pointe des pieds et lui murmura dans l'oreille :

— Angliche !

Une fois les lanciers terminés, Gabriel se dirigea vers un coin éloigné de la pièce où était assise la mère de Freddy Malins. C'était une vieille femme à cheveux blancs, corpulente et débile.

Her voice had a catch in it like her son's and she stuttered slightly. She had been told that Freddy had come and that he was nearly all right. Gabriel asked her whether she had had a good crossing. She lived with her married daughter in Glasgow and came to Dublin on a visit once a year. She answered placidly that she had had a beautiful crossing and that the captain had been most attentive to her. She spoke also of the beautiful house her daughter kept in Glasgow, and of all the nice friends they had there. While her tongue rambled on Gabriel tried to banish from his mind all memory of the unpleasant incident with Miss Ivors. Of course the girl or woman, or whatever she was, was an enthusiast but there was a time for all things. Perhaps he ought not to have answered her like that. But she had no right to call him a West Briton before people, even in joke. She had tried to make him ridiculous before people, heckling him and staring at him with her rabbit's eyes.

He saw his wife making her way towards him through the waltzing couples. When she reached him she said into his ear:

"Gabriel, Aunt Kate wants to know won't you carve the goose as usual. Miss Daly will carve the ham and I'll do the pudding."

"All right," said Gabriel.

"She's sending in the younger ones first as soon as this waltz is over so that we'll have the table to ourselves."

Sa voix était fêlée comme celle de son fils et elle bégayait légèrement. On lui avait dit que Freddy était arrivé et qu'il était presque correct. Gabriel lui demanda si elle avait fait une bonne traversée. Elle vivait chez sa fille mariée à Glasgow et venait en visite à Dublin une fois par an. Elle répondit placidement qu'elle avait fait une merveilleuse traversée et que le capitaine avait été extrêmement prévenant. Elle lui parla également de la merveilleuse maison que sa fille avait à Glasgow, et de tous les charmants amis qu'ils avaient là-bas. Tandis que sa langue continuait à vagabonder, Gabriel, lui, s'efforçait de bannir de son esprit tout souvenir du désagréable incident qui l'avait opposé à Miss Ivors. Bien sûr cette jeune fille, ou jeune femme, ou Dieu sait quoi, était pleine d'enthousiasme, mais il y avait un temps pour tout. Peut-être n'aurait-il pas dû répondre de la sorte. Mais rien ne l'autorisait à le traiter d'Angliche devant les gens, même pour plaisanter. Elle avait essayé de le ridiculiser devant les gens, le harcelant et le regardant sous le nez de ses yeux de lapin.

Il aperçut sa femme en train de se frayer un chemin vers lui au milieu des couples de valseurs. Lorsqu'elle le rejoignit, elle lui dit dans l'oreille :

— Gabriel, Tante Kate vous fait demander si vous voudriez découper l'oie comme d'habitude. Miss Daly découpera le jambon et je m'occuperai du pudding.

— C'est entendu, dit Gabriel.

— Elle fait entrer les jeunes gens en premier dès la fin de cette valse afin que nous ayons la table pour nous.

"Were you dancing?" asked Gabriel.

"Of course I was. Didn't you see me? What words had you with Molly Ivors?"

"No words. Why? Did she say so?"

"Something like that. I'm trying to get that Mr D'Arcy to sing. He's full of conceit, I think."

"There were no words," said Gabriel moodily, "only she wanted me to go for a trip to the west of Ireland and I said I wouldn't."

His wife clasped her hands excitedly and gave a little jump.

"O, do go, Gabriel," she cried. "I'd love to see Galway again."

"You can go if you like," said Gabriel coldly.

She looked at him for a moment, then turned to Mrs Malins and said:

"There's a nice husband for you, Mrs Malins."

While she was threading her way back across the room Mrs Malins, without adverting to the interruption, went on to tell Gabriel what beautiful places there were in Scotland and beautiful scenery. Her son-in-law brought them every year to the lakes and they used to go fishing. Her son-in-law was a splendid fisher. One day he caught a fish, a beautiful big big fish, and the man in the hotel boiled it for their dinner.

Gabriel hardly heard what she said. Now that supper was coming near he began to think again about his speech and about the quotation.

— Dansiez-vous ? demanda Gabriel.

— Oui, bien sûr. Ne m'avez-vous pas vue ? Quels mots avez-vous eus avec Molly Ivors ?

— Nous n'avons pas eu de mots. Pourquoi ? Est-ce là ce qu'elle a dit ?

— Quelque chose comme ça. J'essaie de convaincre ce Mr D'Arcy de chanter. Je le crois très prétentieux.

— Il n'y a pas eu de mots, dit Gabriel, morose, mais elle voulait que j'aille faire un petit voyage dans l'ouest de l'Irlande et j'ai dit que je ne voulais pas.

Sa femme se pressa les mains l'une contre l'autre, tout excitée, et eut un petit saut de joie.

— Oh, Gabriel, il faut y aller, s'écria-t-elle. J'aimerais tant revoir Galway.

— Allez-y si vous y tenez, fit Gabriel, avec froideur.

Elle le regarda un instant, puis, se tournant vers Mrs Malins, dit :

— Avez-vous vu, Mrs Malins, le gentil mari que j'ai ?

Tandis qu'elle se faufilait comme elle était venue, Mrs Malins, sans prendre garde à l'interruption, continuait, lui disant quels endroits merveilleux il y avait en Écosse, et quels décors merveilleux... Son gendre les emmenait chaque année au bord des lacs et ils allaient à la pêche. Son gendre était un pêcheur remarquable. Un jour, il avait pris un poisson, un gros, gros poisson, merveilleux, et l'homme de l'hôtel l'avait fait cuire au court-bouillon pour leur dîner.

Gabriel entendait à peine ce qu'elle disait. Maintenant que le souper approchait, il se mettait à repenser à son discours et à la citation.

When he saw Freddy Malins coming across the room to visit his mother Gabriel left the chair free for him and retired into the embrasure of the window. The room had already cleared and from the back room came the clatter of plates and knives. Those who still remained in the drawing-room seemed tired of dancing and were conversing quietly in little groups. Gabriel's warm trembling fingers tapped the cold pane of the window. How cool it must be outside! How pleasant it would be to walk out alone, first along by the river and then through the park! The snow would be lying on the branches of the trees and forming a bright cap on the top of the Wellington Monument. How much more pleasant it would be there than at the supper-table!

He ran over the headings of his speech: Irish hospitality, sad memories, the Three Graces, Paris, the quotation from Browning. He repeated to himself a phrase he had written in his review: "One feels that one is listening to a thoughttormented music." Miss Ivors had praised the review. Was she sincere? Had she really any life of her own behind all her propagandism? There had never been any ill-feeling between them until that night. It unnerved him to think that she would be at the supper-table, looking up at him while he spoke with her critical quizzing eyes. Perhaps she would not be sorry to see him fail in his speech. An idea came into his mind and gave him courage.

Lorsqu'il vit Freddy Malins traverser la pièce pour aller saluer sa mère, Gabriel lui libéra la chaise et se retira dans l'embrasure de la fenêtre. Le salon s'était déjà dégarni et un bruit d'assiettes et de couteaux lui parvenait de la pièce du fond. Ceux qui restaient encore au salon semblaient las de danser et conversaient tranquillement par petits groupes. Les doigts chauds et tremblants de Gabriel pianotaient sur la vitre glacée. Comme il devait faire froid dehors ! Comme il serait agréable d'aller se promener seul, d'abord le long du fleuve, puis à travers le parc[1] ! Il y aurait de la neige sur les branches des arbres et elle formerait une calotte éblouissante sur le Monument de Wellington[2]. Mon Dieu, comme il serait plus agréable d'être là-bas qu'à la table du souper !

Il récapitula les rubriques de son discours : l'hospitalité irlandaise, de tristes souvenirs, les Trois Grâces, Pâris, la citation de Browning. Il se répéta une formule qu'il avait utilisée dans son compte rendu : « On a le sentiment d'écouter une musique tourmentée par la pensée. » Miss Ivors avait fait l'éloge de l'article. Était-elle sincère ? Y avait-il une vie personnelle véritable derrière son propagandisme ? Jusqu'à ce soir, il n'y avait jamais eu entre eux d'animosité. Il était découragé à la pensée qu'elle serait à la table du souper, levant vers lui ses yeux critiques et railleurs, tandis qu'il parlerait. Peut-être ne serait-elle pas fâchée de le voir rater son discours. Une idée surgit dans son esprit qui lui donna du courage.

1. Phoenix Park.
2. Obélisque de 62 m de haut construit dans Phoenix Park à la gloire d'Arthur Wellesley, duc de Wellington, né en Irlande en 1769.

He would say, alluding to Aunt Kate and Aunt Julia: "Ladies and Gentlemen, the generation which is now on the wane among us may have had its faults but for my part I think it had certain qualities of hospitality, of humour, of humanity, which the new and very serious and hypereducated generation that is growing up around us seems to me to lack." Very good: that was one for Miss Ivors. What did he care that his aunts were only two ignorant old women?

A murmur in the room attracted his attention. Mr Browne was advancing from the door, gallantly escorting Aunt Julia, who leaned upon his arm, smiling and hanging her head. An irregular musketry of applause escorted her also as far as the piano and then, as Mary Jane seated herself on the stool, and Aunt Julia, no longer smiling, half turned so as to pitch her voice fairly into the room, gradually ceased. Gabriel recognized the prelude. It was that of an old song of Aunt Julia's — *Arrayed for the Bridal.* Her voice, strong and clear in tone, attacked with great spirit the runs which embellish the air and though she sang very rapidly she did not miss even the smallest of the grace notes. To follow the voice, without looking at the singer's face, was to feel and share the excitement of swift and secure flight.

---

1. *Arrayed for the Bridal*, chanson de George Linley, sur une musique tirée des *Puritains* de Bellini:

En ses atours de noces, en sa beauté contemplez-la,
Une blanche couronne ceint son front plus beau encore;
J'envie les zéphyrs qui doucement l'enveloppent, l'enveloppent,

Il dirait, faisant allusion à Tante Kate et à Tante Julia : « Mesdames et messieurs, la génération qui autour de nous est sur son déclin a peut-être eu ses défauts, mais, pour ma part, je pense qu'elle avait certaines qualités : le sens de l'hospitalité, celui de l'humour, de l'humanité, qui semblent faire défaut à la nouvelle génération très réfléchie et hyperinstruite qui se lève parmi nous. » Très bien : voilà pour Miss Ivors. Que lui importait à lui, après tout, que ses tantes ne fussent que deux vieilles femmes ignorantes ?

Un murmure parcourut la pièce, attirant son attention. Mr Browne s'avançait, donnant galamment le bras à Tante Julia, souriante et tête baissée. Des applaudissements irréguliers, tel un feu de mousqueterie, l'accompagnèrent jusqu'au piano, puis moururent peu à peu lorsque Mary Jane se fut installée sur le tabouret et que Tante Julia, cessant de sourire, se fut tournée légèrement afin de placer sa voix correctement dans la pièce. Gabriel reconnut le prélude. C'était celui d'une vieille chanson du répertoire de Tante Julia, *En ses atours de noces*[1]. Sa voix, d'un timbre fort et clair, attaqua avec beaucoup d'entrain les roulades qui enjolivent l'air, et bien que chantant très rapidement elle ne manqua pas la moindre note de passage. Suivre cette voix sans regarder le visage de la chanteuse, c'était ressentir et partager l'émotion d'un vol rapide et sûr.

> *Et jouent avec les mèches de sa splendide chevelure.*
> *Puisse la vie, pour elle, être pleine de soleil et d'amour, oui ! oui ! oui !*
> *Qui donc ne l'aimerait point*
> *Douce étoile du matin ! à l'éclat si vif,*
> *Qui orne l'orbe terrestre, belle créature de lumière,*
> *Belle créature de lumière.*

Gabriel applauded loudly with all the others at the close of the song and loud applause was borne in from the invisible supper-table. It sounded so genuine that a little colour struggled into Aunt Julia's face as she bent to replace in the music-stand the old leatherbound song-book that had her initials on the cover. Freddy Malins, who had listened with his head perched sideways to hear her better, was still applauding when every one else had ceased and talking animatedly to his mother who nodded her head gravely and slowly in acquiescence. At last, when he could clap no more, he stood up suddenly and hurried across the room to Aunt Julia whose hand he seized and held in both his hands, shaking it when words failed him or the catch in his voice proved too much for him.

"I was just telling my mother," he said, "I never heard you sing so well, never. No, I never heard your voice so good as it is to-night. Now! Would you believe that now? That's the truth. Upon my word and honour that's the truth. I never heard your voice sound so fresh and so... so clear and fresh, never."

Aunt Julia smiled broadly and murmured something about compliments as she released her hand from his grasp. Mr Browne extended his open hand towards her and said to those who were near him in the manner of a showman introducing a prodigy to an audience:

"Miss Julia Morkan, my latest discovery!"

Gabriel applaudit bruyamment avec tous les autres à la fin de la chanson, et d'autres applaudissements bruyants parvinrent de la table invisible des dîneurs. Ils paraissaient tellement sincères qu'un peu de couleur réussit à monter au visage de Tante Julia lorsqu'elle se pencha pour replacer dans le casier à musique le vieux recueil de chansons relié en cuir dont la couverture portait ses initiales. Freddy Malins, qui avait suivi avec la tête tendue de côté pour mieux l'entendre, applaudissait encore alors que tout le monde avait cessé, et parlait avec animation à sa mère qui hochait lentement la tête avec gravité en signe d'acquiescement. À la fin, lorsqu'il ne put plus applaudir, il se leva brusquement et, traversant la pièce en hâte, alla s'emparer de la main de Tante Julia, qu'il retint dans les siennes, la secouant lorsque les mots lui manquaient ou qu'il ne parvenait pas à maîtriser sa voix fêlée.

— Je disais à l'instant à ma mère, fit-il, que je ne vous avais jamais entendue chanter aussi bien, jamais. Non, je ne vous ai jamais entendu la voix aussi bonne que ce soir. Dites-moi ! Le croiriez-vous, dites-moi ? C'est la vérité. Parole d'honnête homme, c'est la vérité. Je n'ai jamais entendu votre voix aussi fraîche et aussi… aussi claire et fraîche, jamais.

Tante Julia eut un large sourire et murmura quelque chose sur les compliments, tout en libérant sa main de l'étreinte. Mr Browne lui tendit sa main grande ouverte et dit à ses voisins, du ton d'un bonimenteur présentant un prodige à quelque auditoire :

— Miss Julia Morkan, ma dernière découverte.

He was laughing very heartily at this himself when Freddy Malins turned to him and said:

"Well, Browne, if you're serious you might make a worse discovery. All I can say is I never heard her sing half so well as long as I am coming here. And that's the honest truth."

"Neither did I," said Mr Browne. "I think her voice has greatly improved."

Aunt Julia shrugged her shoulders and said with meek pride:

"Thirty years ago I hadn't a bad voice as voices go."

"I often told Julia," said Aunt Kate emphatically, "that she was simply thrown away in that choir. But she never would be said by me."

She turned as if to appeal to the good sense of the others against a refractory child while Aunt Julia gazed in front of her, a vague smile of reminiscence playing on her face.

"No," continued Aunt Kate, "she wouldn't be said or led by anyone, slaving there in that choir night and day, night and day. Six o'clock on Christmas morning! And all for what?"

"Well, isn't it for the honour of God, Aunt Kate?" asked Mary Jane, twisting round on the piano-stool and smiling.

Aunt Kate turned fiercely on her niece and said:

"I know all about the honour of God,

Il riait encore lui-même de très bon cœur de ce mot lorsque Freddy Malins se tourna vers lui et dit :

— Eh bien, Browne, au cas où vous parleriez sérieusement, sachez que vous pourriez faire plus mauvaise découverte. Tout ce que je peux dire c'est que je ne l'ai jamais entendue chanter aussi bien, et de loin, depuis que je viens ici. Et c'est la stricte vérité.

— Moi non plus, fit Mr Browne. J'estime que sa voix s'est considérablement améliorée.

Tante Julia haussa les épaules et dit avec un orgueil mêlé d'humilité :

— Il y a trente ans, j'avais une voix qui en valait bien une autre.

— J'ai souvent expliqué à Julia, fit Tante Kate avec énergie, qu'elle gaspillait son talent dans cette chorale. Mais elle n'a jamais rien voulu entendre.

Elle se détourna comme pour en appeler au bon sens des autres contre une enfant indocile tandis que Tante Julia regardait droit devant elle, un vague sourire de réminiscence jouant sur son visage.

— Non, poursuivit Tante Kate, elle n'a jamais rien voulu entendre, ni voulu accepter de directives, travaillant comme une malheureuse jour et nuit dans cette chorale, jour et nuit. Pensez, six heures du matin le jour de Noël! Et tout cela pour quoi?

— Eh bien, n'est-ce pas pour honorer Dieu, Tante Kate? demanda Mary Jane, se tournant de côté sur le tabouret du piano et souriant.

Tante Kate se retourna véhémentement contre sa nièce et dit :

— Honorer Dieu, oui, oui, je sais tout cela,

Mary Jane, but I think it's not at all honourable for the pope to turn out the women out of the choirs that have slaved there all their lives and put little whippersnappers of boys over their heads. I suppose it is for the good of the Church if the pope does it. But it's not just, Mary Jane, and it's not right."

She had worked herself into a passion and would have continued in defence of her sister for it was a sore subject with her but Mary Jane, seeing that all the dancers had come back, intervened pacifically:

"Now, Aunt Kate, you're giving scandal to Mr Browne who is of the other persuasion."

Aunt Kate turned to Mr Browne, who was grinning at this allusion to his religion, and said hastily:

"O, I don't question the pope's being right. I'm only a stupid old woman and I wouldn't presume to do such a thing. But there's such a thing as common everyday politeness and gratitude. And if I were in Julia's place I'd tell that Father Healey straight up to his face..."

"And besides, Aunt Kate," said Mary Jane, "we really are all hungry and when we are hungry we are all very quarrelsome."

Mary Jane, mais je pense que ce n'est pas du tout à l'honneur du pape de chasser des chorales les femmes qui ont travaillé là comme des malheureuses toute leur vie et de les faire passer au-dessous de petits freluquets[1]. J'imagine que c'est pour le bien de l'Église que le pape agit de la sorte. Mais ce n'est pas juste, Mary Jane, et ce n'est pas bien.

Elle s'était montée toute seule, et aurait poursuivi la défense de sa sœur, car c'était pour elle une plaie toujours à vif, mais Mary Jane, voyant que tous les danseurs étaient revenus, intervint pacifiquement :

— Allons, Tante Kate, vous êtes une occasion de scandale pour Mr Browne, qui est de l'autre confession.

Tante Kate se tourna vers Mr Browne, que cette allusion à sa religion faisait ricaner, et se hâta de dire :

— Oh, le pape a raison, je ne mets pas cela en question. Je ne suis qu'une vieille femme très sotte et je n'aurais pas pareille audace. Mais il y a dans la vie de tous les jours des choses qui s'appellent tout bonnement la politesse et la gratitude. Et si j'étais à la place de Julia, c'est ce que je dirais à ce Père Healey en pleine figure...

— Et en plus, Tante Kate, dit Mary Jane, nous avons tous vraiment faim, et quand nous avons faim nous devenons tous querelleurs.

---

1. Le récent *motu proprio* de Pie X, *Inter Sollicitudines* (1903), excluait les femmes des chœurs de l'Église, et demandait que pour les voix de soprano et de contralto l'on eût recours à des garçons, conformément aux anciens usages.

"And when we are thirsty we are also quarrelsome," added Mr Browne.

"So that we had better go to supper," said Mary Jane, "and finish the discussion afterwards."

On the landing outside the drawing-room Gabriel found his wife and Mary Jane trying to persuade Miss Ivors to stay for supper. But Miss Ivors, who had put on her hat and was buttoning her cloak, would not stay. She did not feel in the least hungry and she had already overstayed her time.

"But only for ten minutes, Molly," said Mrs Conroy. "That won't delay you."

"To take a pick itself," said Mary Jane, "after all your dancing."

"I really couldn't," said Miss Ivors.

"I am afraid you didn't enjoy yourself at all," said Mary Jane hopelessly.

"Ever so much, I assure you," said Miss Ivors, "but you really must let me run off now."

"But how can you get home?" asked Mrs Conroy.

"O, it's only two steps up the quay."

Gabriel hesitated a moment and said:

"If you will allow me, Miss Ivors, I'll see you home if you really are obliged to go."

But Miss Ivors broke away from them.

"I won't hear of it," she cried. "For goodness sake go in to your suppers and don't mind me. I'm quite well able to take care of myself."

— Et quand nous avons soif nous sommes aussi querelleurs, ajouta Mr Browne.

— De sorte que nous ferions mieux d'aller souper, dit Mary Jane, et de terminer la discussion plus tard.

Sur le palier devant le salon, Gabriel trouva sa femme et Mary Jane en train d'essayer de persuader Miss Ivors de rester pour le souper. Mais Miss Ivors, qui avait mis son chapeau et boutonnait son manteau, ne voulait pas rester. Elle n'avait pas faim le moins du monde et était déjà restée trop longtemps.

— Mais seulement dix minutes, Molly, dit Mrs Conroy. Ce n'est pas cela qui vous retardera.

— Pour prendre juste un petit quelque chose, dit Mary Jane, après avoir tant dansé.

— Je ne pourrais vraiment pas, dit Miss Ivors.

— Vous ne vous êtes pas amusée du tout, j'en ai bien peur, dit Mary Jane navrée.

— Mais si, mais si, je vous assure, fit Miss Ivors; mais il faut vraiment me laisser me sauver maintenant.

— Mais comment allez-vous rentrer chez vous? demanda Mrs Conroy.

— Oh, ce n'est qu'à deux pas en remontant le quai.

Gabriel hésita un moment et dit:

— Permettez-moi de vous raccompagner, Miss Ivors, si vraiment vous êtes forcée de vous en aller.

Mais Miss Ivors se dégagea de leur groupe.

— Je ne veux pas en entendre parler, s'écria-t-elle. Pour l'amour du Ciel, rentrez prendre votre souper et ne vous occupez pas de moi. Je suis parfaitement capable de me tirer d'affaire par moi-même.

"Well, you're the comical girl, Molly," said Mrs Conroy frankly.

"*Beannacht libh*," cried Miss Ivors, with a laugh, as she ran down the staircase.

Mary Jane gazed after her, a moody puzzled expression on her face, while Mrs Conroy leaned over the banisters to listen for the halldoor. Gabriel asked himself was he the cause of her abrupt departure. But she did not seem to be in ill humour: she had gone away laughing. He stared blankly down the staircase.

At that moment Aunt Kate came toddling out of the supper-room, almost wringing her hands in despair.

"Where is Gabriel?" she cried. "Where on earth is Gabriel? There's everyone waiting in there, stage to let, and nobody to carve the goose!"

"Here I am, Aunt Kate!" cried Gabriel, with sudden animation, ready to carve a flock of geese, if necessary.

A fat brown goose lay at one end of the table and at the other end, on a bed of creased paper strewn with sprigs of parsley, lay a great ham, stripped of its outer skin and peppered over with crust crumbs, a neat paper frill round its shin and beside this was a round of spiced beef. Between these rival ends ran parallel lines of side-dishes: two little minsters of jelly,

— Eh bien, Molly, vous voilà dans le rôle comique, dit Mrs Conroy carrément.

— *Beannacht libh*[1], s'écria Miss Ivors, avec un petit rire, et elle descendit l'escalier en courant.

Mary Jane la suivit du regard, le visage empreint d'une perplexité morose, cependant que Mrs Conroy se penchait sur la rampe pour écouter le bruit de la porte d'entrée. Gabriel se demanda, s'il était la cause de son brusque départ. Elle ne semblait pourtant pas de mauvaise humeur: elle était partie en riant. Son regard déconcerté plongeait dans l'escalier.

C'est à ce moment que Tante Kate sortit en trottinant de la salle à manger, se tordant presque les mains de désespoir.

— Où est Gabriel? s'écria-t-elle. Où est-il, au nom du Ciel? Tout le monde est là, à l'attendre, le décor est en place, et il n'y a personne pour découper l'oie!

— Me voici, Tante Kate! s'écria Gabriel, s'animant tout à coup, je suis prêt à découper un troupeau d'oies, si c'est nécessaire.

Une oie dodue, bien rissolée, reposait à une extrémité de la table, tandis que de l'autre côté, sur un lit de papier froncé semé de brins de persil, était déposé un magnifique jambon, dépouillé de sa couenne et saupoudré de chapelure, une jolie petite collerette de papier autour du jarret; à côté se trouvait un rôti de bœuf aux épices. Entre ces deux extrémités rivales couraient des lignes parallèles d'entremets: deux petites cathédrales de gelée,

---

1. Adieu en forme de bénédiction.

red and yellow; a shallow dish full of blocks of blancmange and red jam, a large green leaf-shaped dish with a stalk-shaped handle, on which lay bunches of purple raisins and peeled almonds, a companion dish on which lay a solid rectangle of Smyrna figs, a dish of custard topped with grated nutmeg, a small bowl full of chocolates and sweets wrapped in gold and silver papers and a glass vase in which stood some tall celery stalks. In the centre of the table there stood, as sentries to a fruit-stand which upheld a pyramid of oranges and American apples, two squat old-fashioned decanters of cut glass, one containing port and the other dark sherry. On the closed square piano a pudding in a huge yellow dish lay in waiting and behind it were three squads of bottles of stout and ale and minerals, drawn up according to the colours of their uniforms, the first two black, with brown and red labels, the third and smallest squad white, with transverse green sashes.

Gabriel took his seat boldly at the head of the table and, having looked to the edge of the carver, plunged his fork firmly into the goose. He felt quite at ease now for he was an expert carver and liked nothing better than to find himself at the head of a well-laden table.

"Miss Furlong, what shall I send you? he asked. A wing or a slice of the breast?"

rouge et jaune ; un plat peu profond empli de blocs de blanc-manger et de confiture de fruits rouges, un grand plat vert en forme de feuille dont la tige faisait office de poignée et sur lequel reposaient des grappes de raisins secs violets et des amandes décortiquées, un plat symétrique contenant un rectangle massif de figues de Smyrne, un plat de crème au lait recouvert de noix de muscade râpée, une petite coupe pleine de chocolats et de bonbons en papillotes d'or et d'argent et un vase de verre d'où sortaient quelques longues tiges de céleri. Au centre de la table se dressaient en sentinelles, auprès d'une corbeille de fruits composée d'une pyramide d'oranges et de reinettes d'Amérique, deux carafes trapues à l'ancienne mode, en cristal taillé ; l'une contenait du porto et l'autre du sherry rouge. Sur le piano carré, en ce moment fermé, un pudding reposait majestueusement dans un énorme plat jaune et derrière lui se trouvaient trois escouades de bouteilles de stout et d'ale et de boissons gazeuses, rangées selon les couleurs de leur uniforme, les deux premières en noir, avec des étiquettes brunes et rouges, la troisième escouade, plus petite, en blanc, avec un grand cordon vert transversal.

Gabriel prit place hardiment au haut bout de la table et, après avoir vérifié le fil du couteau à découper, plongea sa fourchette dans l'oie d'une main ferme. Il se sentait maintenant tout à fait à l'aise, car découper était sa spécialité, et rien ne lui plaisait plus que de se trouver à la tête d'une table bien garnie.

— Miss Furlong, que vous ferai-je passer ? demanda-t-il. Une aile ou un blanc ?

"Just a small slice of the breast."

"Miss Higgins, what for you?"

"O, anything at all, Mr Conroy."

While Gabriel and Miss Daly exchanged plates of goose and plates of ham and spiced beef Lily went from guest to guest with a dish of hot floury potatoes wrapped in a white napkin. This was Mary Jane's idea and she had also suggested apple sauce for the goose but Aunt Kate had said that plain roast goose without apple sauce had always been good enough for her and she hoped she might never eat worse. Mary Jane waited on her pupils and saw that they got the best slices and Aunt Kate and Aunt Julia opened and carried across from the piano bottles of stout and ale for the gentlemen and bottles of minerals for the ladies. There was a great deal of confusion and laughter and noise, the noise of orders and counter-orders, of knives and forks, of corks and glass-stoppers. Gabriel began to carve second helpings as soon as he had finished the first round without serving himself. Everyone protested loudly so that he compromised by taking a long draught of stout for he had found the carving hot work. Mary Jane settled down quietly to her supper but Aunt Kate and Aunt Julia were still toddling round the table, walking on each other's heels, getting in each other's way and giving each other unheeded orders.

— Juste un petit morceau de blanc.
— Miss Higgins, que prendrez-vous ?
— Oh, ce que vous voudrez, Mr Conroy.

Tandis que Gabriel et Miss Daly échangeaient assiettes d'oie et assiettes de jambon et de bœuf aux épices, Lily passait de l'un à l'autre avec un plat de pommes de terre farineuses, brûlantes et enveloppées d'une serviette blanche. L'idée venait de Mary Jane, et elle avait aussi suggéré de la compote de pommes pour aller avec l'oie, mais Tante Kate avait dit que de l'oie rôtie toute simple, sans compote de pommes, lui avait toujours suffi et qu'elle espérait ne jamais manger plus mal que cela. Mary Jane servait ses élèves et veillait à ce qu'elles eussent les meilleurs morceaux, cependant que Tante Kate et Tante Julia ouvraient sur le piano et apportaient à table des bouteilles de stout et d'ale pour les messieurs et des boissons gazeuses pour les dames. Il y avait beaucoup de confusion, de rires et de bruit, le bruit des ordres et des contrordres, des couteaux et des fourchettes, des bouchons de bouteilles et des bouchons de carafes. Dès qu'il eut fini le premier service pour tout le monde, Gabriel se remit à découper un second service sans rien prendre lui-même. Tout le monde protesta bruyamment, tant et si bien qu'à titre de concession il but une longue gorgée de stout, car le découpage avait fini par l'échauffer. Mary Jane se mit tranquillement à manger, mais Tante Kate et Tante Julia trottinaient encore autour de la table, se marchant sur les talons, se gênant mutuellement et échangeant des ordres auxquels ni l'une ni l'autre ne prêtait attention.

Mr Browne begged of them to sit down and eat their suppers and so did Gabriel but they said there was time enough so that, at last Freddy Malins stood up and, capturing Aunt Kate, plumped her down on her chair amid general laughter.

When everyone had been well served Gabriel said, smiling:

"Now, if anyone wants a little more of what vulgar people call stuffing let him or her speak."

A chorus of voices invited him to begin his own supper and Lily came forward with three potatoes which she had reserved for him.

"Very well," said Gabriel amiably, as he took another preparatory draught, "kindly forget my existence, ladies and gentlemen, for a few minutes."

He set to his supper and took no part in the conversation with which the table covered Lily's removal of the plates. The subject of talk was the opera company which was then at the Theatre Royal. Mr Bartell D'Arcy, the tenor, a dark-complexioned young man with a smart moustache, praised very highly the leading contralto of the company but Miss Furlong thought she had a rather vulgar style of production. Freddy Malins said there was a negro chieftain singing in the second part of the Gaiety pantomime who had one of the finest tenor voices he had ever heard.

Mr Browne les pria de s'asseoir et de souper et Gabriel fit de même, mais elles dirent qu'elles avaient le temps, de sorte que Freddy Malins finit par se lever et, s'étant emparé de Tante Kate, l'assit sur sa chaise sans autre forme de procès au milieu des rires de l'assistance.

Lorsque tout le monde fut bien servi, Gabriel dit en souriant :

— Maintenant, si quelqu'un veut encore un peu de ce que le vulgaire appelle de la farce, qu'il ou elle parle.

Un véritable chœur l'invita à commencer son repas et Lily vint lui apporter trois pommes de terre qu'elle lui avait réservées.

— Voilà qui est bien, fit Gabriel aimablement en prenant une autre gorgée préliminaire, oubliez mon existence pendant quelques minutes, je vous prie, mesdames et messieurs.

Il s'attaqua à son souper sans prendre part à la conversation grâce à laquelle les convives couvrirent le bruit des assiettes desservies par Lily. Le sujet en était la troupe d'opéra qui jouait alors au Théâtre Royal[1]. Mr Bartell D'Arcy, le ténor, jeune homme au teint basané et à la moustache élégante, disait le plus grand bien du premier contralto, mais Miss Furlong trouvait sa mise de voix assez vulgaire. Freddy Malins dit qu'un chef nègre qui chantait dans la seconde partie de la pantomime au Théâtre de la Gaieté[2] avait une des plus belles voix de ténor qu'il eût jamais entendues.

---

1. Theatre Royal, 15 Hawkins Street.
2. The Gaiety Theatre, 46-49 South King Street.

"Have you heard him?" he asked Mr Bartell D'Arcy across the table.

"No," answered Mr Bartell D'Arcy carelessly.

"Because," Freddy Malins explained, "now I'd be curious to hear your opinion of him. I think he has a grand voice."

"It takes Teddy to find out the really good things," said Mr Browne familiarly to the table.

"And why couldn't he have a voice too?" asked Freddy Malins sharply. "Is it because he's only a black?"

Nobody answered this question and Mary Jane led the table back to the legitimate opera. One of her pupils had given her a pass for *Mignon*. Of course it was very fine, she said, but it made her think of poor Georgina Burns. Mr Browne could go back farther still, to the old Italian companies that used to come to Dublin – Tietjens, Ilma de Murzka, Campanini, the great Trebelli, Giuglini, Ravelli, Aramburo. Those were the days, he said, when there was something like singing to be heard in Dublin. He told too of how the top gallery of the old Royal used to be packed night after night, of how one night an Italian tenor had sung five encores to *Let me Like a Soldier Fall*, introducing a high C every time,

— L'avez-vous entendu ? demanda-t-il à Mr Bartell D'Arcy par-dessus la table.

— Non, répondit celui-ci négligemment.

— Parce que je serais vraiment curieux, expliqua Freddy Malins, d'avoir votre opinion à son sujet. Je trouve qu'il a une voix magnifique.

— Il n'y a que Teddy pour découvrir ce qui est vraiment fameux, fit Mr Browne en s'adressant familièrement aux convives.

— Et pourquoi n'aurait-il pas lui aussi une belle voix ? fit vivement Freddy Malins. Peut-être parce que ce n'est qu'un Noir ?

Personne ne répondit à cette question et Mary Jane ramena les convives sur le sujet de l'opéra authentique. Une de ses élèves lui avait donné un billet de faveur pour *Mignon*. C'était très joli certes, disait-elle, mais cela lui faisait penser à la pauvre Georgina Burns[1]. Mr Browne pouvait remonter plus loin encore : jusqu'aux vieilles troupes italiennes qui venaient jadis à Dublin — Tietjens, Ilma de Murzka, Campanini, le grand Trebelli, Giuglini, Ravelli, Aramburo[2]. C'était l'époque, disait-il, où l'on pouvait entendre à Dublin des chanteurs dignes de ce nom. Il racontait encore comment le poulailler du vieux Théâtre Royal était plein à craquer tous les soirs, comment un soir un ténor italien avait dû chanter cinq rappels de *Qu'on me laisse tomber en soldat*[3], poussant chaque fois un contre-ut,

---

1. Cette cantatrice a existé.
2. À l'exception de Ravelli, qui n'a pu être identifié, tous ces chanteurs ont eu leur heure de gloire au XIXe siècle.
3. *Let me Like a Soldier Fall*, air de l'opéra *Maritana* ; c'était l'une des chansons favorites du père de James Joyce.

and of how the gallery boys would sometimes in their enthusiasm unyoke the horses from the carriage of some great *prima donna* and pull ther themselves through the streets to her hotel. Why did they never play the grand old operas now, he asked, *Dinorah, Lucrezia Borgia*? Because they could not get the voices to sing them: that was why.

"O, well," said Mr Bartell D'Arcy, "I presume there are as good singers to-day as there were then."

"Where are they?" asked Mr Browne defiantly.

"In London, Paris, Milan," said Mr Bartell D'Arcy warmly. "I suppose Caruso, for example, is quite as good, if not better than any of the men you have mentioned."

"Maybe so," said Mr Browne. "But I may tell you I doubt it strongly."

"O, I'd give anything to hear Caruso sing," said Mary Jane.

"For me," said Aunt Kate, who had been picking a bone, "there was only one tenor. To please me, I mean. But I suppose none of you ever heard of him."

"Who was he, Miss Morkan?" asked Mr Bartell D'Arcy politely.

---

1. Opéra de Meyerbeer (1859), que Joyce désigne ici par son titre italien, *Dinorah*.
2. Opéra de Donizetti, inspiré de la pièce de Victor Hugo.
3. Cette remarque permettrait, s'il en était besoin, de situer la nouvelle dans le temps. En effet, Enrico Caruso (1873-1921)

et comment il arrivait que les enfants du paradis, dans leur enthousiasme, dételaient les chevaux de la voiture de quelque *prima donna* pour la tirer eux-mêmes jusqu'à son hôtel. Pourquoi, demandait-il, ne jouait-on jamais maintenant les grands opéras d'autrefois, *Le pardon de Ploërmel*[1], *Lucrèce Borgia*[2]? Parce qu'on ne trouvait plus de voix pour les chanter : tout simplement.

— Mon Dieu, dit Mr Bartell D'Arcy, je présume qu'il y a aujourd'hui d'aussi bons chanteurs qu'en ce temps-là.

— Où sont-ils? demanda Mr Browne d'un air de défi.

— À Londres, à Paris, à Milan, dit Mr Bartell D'Arcy avec chaleur. J'imagine que Caruso, par exemple, est tout aussi bon, sinon meilleur, que n'importe lequel des chanteurs que vous avez cités[3].

— Peut-être, peut-être, dit Mr Browne. Mais permettez-moi de vous dire que j'en doute fort.

— Oh, je donnerais n'importe quoi pour entendre chanter Caruso, dit Mary Jane.

— Pour moi, dit Tante Kate, qui venait de racler un os, il n'y a jamais eu qu'un ténor. Pour mon goût, veux-je dire. Mais j'imagine qu'aucun d'entre vous n'en a jamais entendu parler.

— Qui était-ce, Miss Morkan? s'informa poliment Mr Bartell D'Arcy.

---

n'acquit sa réputation internationale qu'à partir de 1902. En août 1909, James Joyce tenta en vain de placer dans les journaux de Dublin une interview de Caruso (*Lettres*, Gallimard, coll. Du Monde entier, t. II, p. 398) ; voir également les lettres des 20 novembre et 3 décembre 1906.

"His name," said Aunt Kate, "was Parkinson. I heard him when he was in his prime and I think he had then the purest tenor voice that was ever put into a man's throat."

"Strange," said Mr Bartell D'Arcy. "I never even heard of him."

"Yes, yes, Miss Morkan is right," said Mr Browne. "I remember hearing of old Parkinson, but he's too far back for me."

"A beautiful pure sweet mellow English tenor," said Aunt Kate with enthusiasm.

Gabriel having finished, the huge pudding was transferred to the table. The clatter of forks and spoons began again. Gabriel's wife served out spoonfuls of the pudding and passed the plates down the table. Midway down they were held up by Mary Jane, who replenished them with raspberry or orange jelly or with blancmange and jam. The pudding was of Aunt Julia's making and she received praises for it from all quarters. She herself said that it was not quite brown enough.

"Well, I hope, Miss Morkan," said Mr Browne, "that I'm brown enough for you because, you know, I'm all brown."

All the gentlemen, except Gabriel, ate some of the pudding out of compliment to Aunt Julia.

— Il avait pour nom Parkinson, dit Tante Kate. Je l'ai entendu quand il était au sommet de sa carrière et j'estime qu'il avait alors la voix de ténor la plus pure que Dieu ait jamais mise dans une gorge humaine.

— Étrange, fit Mr Bartell D'Arcy. Je n'en ai même jamais entendu parler.

— Si, si, Miss Morkan a raison, dit Mr Browne. Je me souviens d'avoir entendu parler du vieux Parkinson, mais c'est trop loin pour moi[1].

— Une magnifique voix de ténor anglais, pure, mélodieuse, une voix de velours, dit Tante Kate pleine d'enthousiasme.

Gabriel ayant terminé, on fit passer le pudding sur la table. Le cliquetis des fourchettes et des cuillers reprit. La femme de Gabriel servait des cuillerées de pudding et faisait circuler les assiettes autour de la table. Elles étaient arrêtées à mi-chemin par Mary Jane, qui les remplissait de gelée à la framboise ou à l'orange, ou de blanc-manger et de confiture. Le pudding était l'œuvre de Tante Julia et on lui en faisait des louanges de tous côtés. Elle dit pour sa part qu'il n'était pas tout à fait assez brun.

— Eh bien, Miss Morkan, fit Mr Browne, j'espère que je suis assez brun pour vous parce que, savez-vous, je le suis de la tête aux pieds[2].

Tous les messieurs, à l'exception de Gabriel, mangèrent un peu de pudding par égard pour Tante Julia.

1. Contrairement à ce qu'a longtemps pensé la critique joycienne, avec Mr Bartell D'Arcy, le ténor anglais William Parkinson a réellement existé, et a chanté à Dublin, à maintes reprises, dans les années 1870.
2. Jeu de mots éculé sur le patronyme Brown(e).

As Gabriel never ate sweets the celery had been left for him. Freddy Malins also took a stalk of celery and ate it with his pudding. He had been told that celery was a capital thing for the blood and he was just then under doctor's care. Mrs Malins, who had been silent all through the supper, said that her son was going down to Mount Melleray in a week or so. The table then spoke of Mount Melleray, how bracing the air was down there, how hospitable the monks were and how they never asked for a penny-piece from their guests.

"And do you mean to say," asked Mr Browne incredulously, "that a chap can go down there and put up there as if it were a hotel and live on the fat of the land and then come away without paying a farthing?"

"O, most people give some donation to the monastery when they leave," said Mary Jane.

"I wish we had an institution like that in our Church," said Mr Browne candidly.

He was astonished to hear that the monks never spoke, got up at two in the morning and slept in their coffins. He asked what they did it for.

"That's the rule of the order," said Aunt Kate firmly.

"Yes, but why?" asked Mr Browne.

Aunt Kate repeated that it was the rule, that was all. Mr Browne still seemed not to understand. Freddy Malins explained to him, as best he could,

Gabriel ne mangeant jamais d'entremets, on lui avait laissé le céleri. Freddy Malins lui aussi prit une branche de céleri et la mangea avec son pudding. On lui avait dit que c'était excellent pour le sang et il était en ce moment même en traitement. Mrs Malins, qui avait gardé le silence pendant tout le souper, déclara que son fils devait descendre à Mount Melleray dans une huitaine de jours. Les convives se mirent alors à parler de Mount Melleray, de son air vivifiant, de l'hospitalité des moines, qui ne demandaient jamais un sou à leurs hôtes.

— Voulez-vous donc dire, fit Mr Browne incrédule, qu'on peut arriver là, s'y installer comme à l'hôtel, vivre sur l'habitant et puis s'en aller sans donner un centime ?

— Oh, la plupart des gens laissent un don pour le monastère à leur départ, dit Mary Jane.

— Je regrette que nous n'ayons pas une institution comme celle-là dans notre Église, dit Mr Browne non sans franchise.

Il fut stupéfait d'apprendre que les moines ne parlaient jamais, se levaient à deux heures du matin et dormaient dans leur cercueil. Il demanda pourquoi ils faisaient cela.

— C'est la règle de l'ordre, dit Tante Kate d'un ton ferme.

— Oui, mais pourquoi ? demanda Mr Browne.

Tante Kate répéta que c'était la règle, un point c'est tout. Mr Browne semblait toujours ne pas comprendre. Freddy Malins lui expliqua, du mieux qu'il put,

that the monks were trying to make up for the sins committed by all the sinners in the outside world. The explanation was not very clear for Mr Browne grinned and said:

"I like that idea very much but wouldn't a comfortable spring bed do them as well as a coffin?"

"The coffin," said Mary Jane, "is to remind them of their last end."

As the subject had grown lugubrious it was buried in a silence of the table during which Mrs Malins could be heard saying to her neighbour in an indistinct undertone:

"They are very good men, the monks, very pious men."

The raisins and almonds and figs and apples and oranges and chocolates and sweets were now passed about the table and Aunt Julia invited all the guests to have either port or sherry. At first Mr Bartell D'Arcy refused to take either but one of his neighbours nudged him and whispered something to him upon which he allowed his glass to be filled. Gradually as the last glasses were being filled the conversation ceased. A pause followed, broken only by the noise of the wine and by unsettlings of chairs. The Misses Morkan, all three, looked down at the tablecloth. Some one coughed once or twice and then a few gentlemen patted the table gently as a signal for silence. The silence came and Gabriel pushed back his chair and stood up.

The patting at once grew louder in encouragement and then ceased altogether.

que les moines essayaient d'expier les fautes commises par tous les pécheurs vivant dans le monde extérieur. L'explication ne fut pas très claire, car Mr Browne ricana et dit :

— L'idée me plaît beaucoup, mais est-ce qu'un bon lit à sommier ne leur conviendrait pas aussi bien qu'un cercueil ?

— Le cercueil, dit Mary Jane, est là pour leur rappeler leur fin dernière.

Le sujet étant devenu lugubre, les convives l'enterrèrent dans un silence, pendant lequel on entendit Mrs Malins glisser à son voisin dans un murmure indistinct :

— Ce sont des hommes de bien, ces moines, des hommes très pieux.

On fit circuler les raisins secs, les amandes, les figues, les pommes, les oranges, les chocolats, les bonbons et Tante Julia invita tout le monde à prendre du porto ou du sherry. Mr Bartell D'Arcy commença par refuser l'un et l'autre, mais l'une de ses voisines lui donna un coup de coude et lui murmura quelque chose, sur quoi il se laissa remplir son verre. Peu à peu, à mesure que les derniers verres se remplissaient, la conversation cessa. Une pause s'ensuivit, rompue seulement par le bruit du vin que l'on versait et celui de chaises dérangées. Les demoiselles Morkan, toutes les trois, avaient les yeux baissés sur la nappe. Quelqu'un toussota, puis quelques messieurs tapotèrent doucement la table pour demander le silence. Il finit par s'établir et Gabriel, repoussant sa chaise, se leva.

En signe d'encouragement les tapotements se firent immédiatement plus forts, et puis cessèrent tout à fait.

Gabriel leaned his ten trembling fingers on the tablecloth and smiled nervously at the company. Meeting a row of upturned faces he raised his eyes to the chandelier. The piano was playing a waltz tune and he could hear the skirts sweeping against the drawing-room door. People, perhaps, were standing in the snow on the quay outside, gazing up at the lighted windows and listening to the waltz music. The air was pure there. In the distance lay the park where the trees were weighted with snow. The Wellington Monument wore a gleaming cap of snow that flashed westward over the white field of Fifteen Acres.

He began:

"Ladies and Gentlemen.

"It has fallen to my lot this evening, as in years past, to perform a very pleasing task but a task for which I am afraid my poor powers as a speaker are all too inadequate."

"No, no!" said Mr Browne.

"But, however that may be, I can only ask you to-night to take the will for the deed and to lend me your attention for a few moments while I endeavour to express to you in words what my feelings are on this occasion.

"Ladies and Gentlemen. It is not the first time that we have gathered together under this hospitable roof, around this hospitable board. It is not the first time that we have been the recipients – or perhaps, I had better say, the victims – of the hospitality of certain good ladies."

Gabriel appuya ses dix doigts tremblants sur la nappe et adressa à la compagnie un sourire intimidé. Rencontrant une rangée de visages tournés vers lui, il leva les yeux sur le lustre. Le piano jouait un air de valse et il entendait le froufrou des robes contre la porte du salon. Peut-être y avait-il dehors, sur le quai, dans la neige, des gens qui levaient les yeux vers les fenêtres éclairées et écoutaient cette musique de valse. Là-bas, l'air était pur. Au loin, c'était le parc, avec ses arbres chargés de neige. Le Monument de Wellington portait un resplendissant bonnet de neige, qui envoyait son éclat en direction de l'ouest par-dessus le champ tout blanc de Fifteen Acres.

Il commença :

— Mesdames et messieurs.

« Il m'est échu ce soir, comme dans les années passées, d'accomplir une tâche fort agréable, pour laquelle cependant, je le crains, mes piètres capacités d'orateur sont par trop inadéquates.

— Non, non ! s'écria Mr Browne.

— Pourtant, quoi qu'il en soit, je peux seulement vous demander ce soir de ne prendre en considération que ma seule bonne volonté et de m'accorder votre attention quelques instants pendant que je m'efforcerai d'exprimer par des mots la nature des sentiments qui m'animent en cette occasion.

« Mesdames et messieurs. Ce n'est pas la première fois que nous nous rassemblons sous ce toit hospitalier, autour de cette table hospitalière. Ce n'est pas la première fois que nous sommes les heureux bénéficiaires — ou peut-être, devrais-je plutôt dire, les victimes — de l'hospitalité de certaines bonnes dames. »

He made a circle in the air with his arm and paused. Every one laughed or smiled at Aunt Kate and Aunt Julia and Mary Jane who all turned crimson with pleasure. Gabriel went on more boldly:

"I feel more strongly with every recurring year that our country has no tradition which does it so much honour and which it should guard so jealously as that of its hospitality. It is a tradition that is unique as far as my experience goes (and I have visited not a few places abroad) among the modern nations. Some would say, perhaps, that with us it is rather a failing than anything to be boasted of. But granted even that, it is, to my mind, a princely failing, and one that I trust will long be cultivated among us. Of one thing, at least, I am sure. As long as this one roof shelters the good ladies aforesaid – and I wish from my heart it may do so for many and many a long year to come – the tradition of genuine warm-hearted courteous Irish hospitality, which our forefathers have handed down to us and which we in turn must hand down to our descendants, is still alive among us."

A hearty murmur of assent ran round the table. It shot through Gabriel's mind that Miss Ivors was not there and that she had gone away discourteously: and he said with confidence in himself:

"Ladies and Gentlemen.

"A new generation is growing up in our midst, a generation actuated by new ideas and new principles.

Les morts

Son bras décrivit un large cercle, et il fit une pause. Tout le monde rit ou sourit à Tante Kate, à Tante Julia et à Mary Jane, qui toutes trois devinrent cramoisies de plaisir. Gabriel reprit avec plus d'assurance :

— Ma conviction se fait plus forte, au retour de chaque année, que notre pays n'a pas de tradition qui l'honore autant et qui soit aussi digne d'être jalousement gardée que celle de son hospitalité. Il s'agit d'une tradition absolument unique, autant que j'aie pu me rendre compte (et j'ai visité bien des villes étrangères) parmi les nations modernes. Certains diraient peut-être qu'il s'agit là d'une faiblesse plutôt que d'un titre d'orgueil. Mais même si tel est le cas, il s'agit, à mon sens, d'une faiblesse princière qui, je l'espère bien, sera longtemps cultivée parmi nous. D'une chose au moins je suis assuré. Aussi longtemps que ce toit-ci abritera les susdites bonnes dames — et je souhaite du fond du cœur que ce soit pour de longues et de très nombreuses années encore — l'authentique tradition de l'hospitalité irlandaise, empreinte de chaleur et de courtoisie, que nos ancêtres nous ont léguée et que nous devons à notre tour transmettre à nos descendants, cette tradition vivra encore parmi nous.

Un chaleureux murmure d'approbation fit le tour de la table. Dans un éclair Gabriel se souvint que Miss Ivors n'était pas là et qu'elle était partie de façon discourtoise ; et il reprit, plein de confiance en lui :

— Mesdames et messieurs.

« Une nouvelle génération grandit parmi nous, génération animée par des idées nouvelles et des principes nouveaux.

It is serious and enthusiastic for these new ideas and its enthusiasm, even when it is misdirected, is, I believe, in the main sincere. But we are living in a sceptical and, if I may use the phrase, a thought-tormented age: and sometimes I fear that this new generation, educated or hypereducated as it is, will lack those qualities of humanity, of hospitality, of kindly humour which belonged to an older day. Listening to-night to the names of all those great singers of the past it seemed to me, I must confess, that we were living in a less spacious age. Those days might, without exaggeration, be called spacious days: and if they are gone beyond recall let us hope, at least, that in gatherings such as this we shall still speak of them with pride and affection, still cherish in our hearts the memory of those dead and gone great ones whose fame the world will not willingly let die."

"Hear, hear!" said Mr Browne loudly.

"But yet," continued Gabriel, his voice falling into a softer inflection, "there are always in gatherings such as this sadder thoughts that will recur to our minds:

---

1. L'oubli des traditions de l'hospitalité irlandaise était un thème fréquent dans la presse dublinoise de 1904. On relève en particulier, dans *The Bystander* du 29 juin, l'article de la romancière Marie Corelli, « The Decay of Hospitality » : l'hospitalité y est successivement comparée à l'une des Grâces, et décrite comme une morte dans l'attente de l'ensevelissement, deux images associées dans la nouvelle aux demoiselles Morkan.

2. *Spacious age*, écho, devenu cliché, de Tennyson : « The spacious times of great Elizabeth » (in *A Dream of Fair Women*).

Elle a l'esprit de sérieux et s'enthousiasme pour ces idées nouvelles et cet enthousiasme, même lorsqu'il est mal dirigé, est, je le crois, pour l'essentiel sincère. Mais nous vivons en un siècle sceptique et, si l'on me permet l'expression, tourmenté par la pensée ; et, parfois, je crains que cette nouvelle génération, avec son instruction ou son hyperinstruction, ne vienne à manquer de ces qualités d'humanité, d'hospitalité, d'humour bienveillant qui furent l'apanage de temps plus anciens[1]. En écoutant ce soir le nom de tous ces grands chanteurs du passé, il me semblait, je dois le confesser, que nous vivions en un siècle moins vaste. Ces temps-là pouvaient bien, sans exagération, être qualifiés de vastes[2] ; et s'il est maintenant hors de notre pouvoir de les faire revivre, souhaitons du moins qu'en de telles réunions nous parlions d'eux avec fierté et affection, que nous chérissions encore en nos cœurs le souvenir de ces morts illustres qui nous ont quittés pour toujours et dont le monde ne laissera pas volontiers s'éteindre la renommée[3].

— Bravo, bravo ! s'écria bruyamment Mr Browne.

— Et pourtant, poursuivit Gabriel, baissant la voix et prenant une inflexion plus douce, il est toujours, en des réunions telles que celle-ci, des pensées plus tristes qui font obstinément retour en nos esprits :

---

3. Milton, *Du gouvernement d'Église* : « Par le labeur et l'étude assidue (que je considère comme mon lot en cette vie), joints à une forte propension de nature, je peux espérer léguer aux temps à venir une œuvre écrite de telle sorte qu'ils ne devront pas la laisser volontiers s'éteindre. » Joyce a utilisé un peu plus haut une expression, *The memory of those dead*, qui pour les Irlandais de son temps évoquait la célèbre chanson patriotique de J. K. Ingram, *The Memory of the Dead*.

thoughts of the past, of youth, of changes, of absent faces that we miss here tonight. Our path through life is strewn with many such sad memories: and were we to brood upon them always we could not find the heart to go on bravely with our work among the living. We have all of us living duties and living affections which claim, and rightly claim, our strenuous endeavours.

"Therefore, I will not linger on the past. I will not let any gloomy moralizing intrude upon us here tonight. Here we are gathered together for a brief moment from the bustle and rush of our everyday routine. We are met here as friends, in the spirit of good-fellowship, as colleagues, also to a certain extent, in the true spirit of *camaraderie*, and as the guest of – what shall I call them? – the Three Graces of the Dublin musical world."

The table burst into applause and laughter at this sally. Aunt Julia vainly asked each of her neighbours in turn to tell her what Gabriel had said.

"He says we are the Three Graces, Aunt Julia," said Mary Jane.

Aunt Julia did not understand but she looked up, smiling, at Gabriel, who continued in the same vein:

"Ladies and Gentlemen.

"I will not attempt to play tonight the part that Paris played on another occasion. I will not attempt to choose between them. The task would be an invidious one and one beyond my poor powers.

celles qui nous parlent du passé, de la jeunesse, des changements, des visages dont l'absence ce soir nous est cruelle. Le sentier de notre vie est tout jonché de tristes souvenirs de cet ordre : et si nous devions les ressasser toujours, nous ne trouverions pas le courage de poursuivre bravement la tâche qui est la nôtre parmi les vivants. Nous avons tous des devoirs et des affections bien vivants, qui réclament, et réclament à bon droit, nos efforts opiniâtres.

« C'est pourquoi je ne m'attarderai pas sur le passé. Je ne laisserai pas de sombres considérations moralisantes s'immiscer parmi nous ce soir. Nous voici tous réunis un court moment loin de l'agitation et de la précipitation de nos habitudes quotidiennes. Nous nous retrouvons ici en amis, entre bons compagnons, en collègues, jusqu'à un certain point aussi, dans l'esprit de la *camaraderie* authentique, et en hôtes de celles que j'appellerai — voyons — les Trois Grâces du monde musical de Dublin.

À cette saillie les convives éclatèrent en applaudissements et en rires. Tante Julia demanda en vain à chacun de ses voisins tour à tour de lui répéter ce que Gabriel avait dit.

— Il dit que nous sommes les Trois Grâces, Tante Julia, dit Mary Jane.

Tante Julia ne comprit pas mais, souriante, leva les yeux vers Gabriel qui poursuivit dans la même veine :

— Mesdames et messieurs.

« Je n'essaierai pas ce soir de jouer le rôle que Pâris joua en une autre occasion. Je n'essaierai pas de choisir entre elles. La tâche serait odieuse, et dépasserait mes faibles capacités.

For when I view them in turn, whether it be our chief hostess herself, whose good heart, whose too good heart, has become a byword with all who know her, or her sister, who seems to be gifted with perennial youth and whose singing must have been a surprise and a revelation to us all tonight, or, last but not least, when I consider our youngest hostess, talented, cheerful, hard-working and the best of nieces, I confess, Ladies and Gentlemen, that I do not know to which of them I should award the prize."

Gabriel glanced down at his aunts and, seeing the large smile on Aunt Julia's face and the tears which had risen to Aunt Kate's eyes, hastened to his close. He raised his glass of port gallantly, while every member of the company fingered a glass expectantly, and said loudly:

"Let us toast them all three together. Let us drink to their health, wealth, long life, happiness and prosperity and may they long continue to hold the proud and self-won position which they hold in their profession and the position of honour and affection which they hold in our hearts."

All the guests stood up, glass in hand, and, turning towards the three seated ladies, sang in unison, with Mr Browne as leader:

Car, lorsque je les considère tour à tour, qu'il s'agisse de notre principale hôtesse, dont le bon cœur, le trop bon cœur, est devenu proverbial pour tous ceux qui la connaissent, ou de sa sœur, qui paraît douée d'une éternelle jeunesse et dont le chant a dû être ce soir pour nous tous une surprise et une révélation, ou enfin, dernière nommée mais non la moindre, lorsque je considère la plus jeune de nos hôtesses, talentueuse, gaie, laborieuse, et la meilleure des nièces, je le confesse, mesdames et messieurs, je ne sais à laquelle je devrais accorder la palme.

Gabriel jeta un coup d'œil sur ses tantes et, voyant le large sourire qui s'épanouissait sur le visage de Tante Julia et les larmes montées aux yeux de Tante Kate, il se hâta de conclure. Levant galamment son verre de porto, cependant que tous les membres de la compagnie tripotaient le leur, dans l'expectative, il dit d'une voix forte :

— Unissons-les dans le même toast. Buvons à leur santé, souhaitons-leur richesse, longue vie, bonheur et prospérité, et puissent-elles longtemps continuer à occuper la fière position qu'elles se sont acquise grâce à leurs seuls mérites dans leur profession, et celle, où le respect le dispute à l'affection, qu'elles occupent dans nos cœurs.

Tous les invités se levèrent, le verre en main, et, se tournant vers les trois dames restées assises, chantèrent à l'unisson, sous la direction de Mr Browne :

> *For they are jolly gay fellows,*
> *For they are jolly gay fellows,*
> *For they are jolly gay fellows,*
> *Which nobody can deny.*

Aunt Kate was making frank use of her handkerchief and even Aunt Julia seemed moved. Freddy Malins beat time with his pudding-fork and the singers turned towards one another, as if in melodious conference, while they sang with emphasis:

> *Unless he tells a lie,*
> *Unless he tells a lie,*

Then, turning once more towards their hostesses, they sang:

> *For they are jolly gay fellows,*
> *For they are jolly gay fellows,*
> *For they are jolly gay fellows,*
> *Which nobody can deny.*

The acclamation which followed was taken up beyond the door of the supper-room by many of the other guests and renewed time after time, Freddy Malins acting as officer with his fork on high.

. . . .

The piercing morning air came into the hall where they were standing so that Aunt Kate said:

"Close the door, somebody. Mrs Malins will get her death of cold."

Car ce sont de gais lurons,
Car ce sont de gais lurons,
Car ce sont de gais lurons,
Personne ne le niera.

Tante Kate utilisait ouvertement son mouchoir et même Tante Julia semblait émue. Freddy Malins battait la mesure avec sa fourchette à gâteau et les chanteurs se tournèrent les uns vers les autres, comme s'ils conféraient en musique, pour chanter avec une énergie accrue :

Ou bien il mentira,
Ou bien il mentira.

Puis, se tournant à nouveau vers leur hôtesse, ils chantèrent :

Car ce sont de gais lurons,
Car ce sont de gais lurons,
Car ce sont de gais lurons,
Personne ne le niera.

L'acclamation qui suivit fut reprise au-delà de la porte de la salle à manger par nombre d'autres invités, et fut maintes fois renouvelée, sous l'autorité de Freddy Malins, la fourchette haut brandie.
....

L'air pénétrant du matin entrait dans le vestibule où ils se tenaient, de sorte que Tante Kate finit par dire :

— Que quelqu'un ferme la porte. Mrs Malins va attraper la mort.

"Browne is out there, Aunt Kate," said Mary Jane.

"Browne is everywhere," said Aunt Kate, lowering her voice.

Mary Jane laughed at her tone.

"Really," she said archly, "he is very attentive."

"He has been laid on here like the gas," said Aunt Kate in the same tone, "all during the Christmas."

She laughed herself this time good-humouredly and then added quickly:

"But tell him to come in, Mary Jane, and close the door. I hope to goodness he didn't hear me."

At that moment the halldoor was opened and Mr Browne came in from the doorstep, laughing as if his heart would break. He was dressed in a long green overcoat with mock astrakhan cuffs and collar and wore on his head an oval furcap. He pointed down the snow-covered quay from where the sound of shrill prolonged whistling was borne in.

"Teddy will have all the cabs in Dublin out," he said.

Gabriel advanced from the little pantry behind the office, struggling into his overcoat and, looking round the hall, said:

"Gretta not down yet?"

"She's getting on her things, Gabriel," said Aunt Kate.

"Who's playing up there?" asked Gabriel.

"Nobody. They're all gone."

"O no, Aunt Kate," said Mary Jane. "Bartell D'Arcy and Miss O'Callaghan aren't gone yet."

— Browne est là dehors, Tante Kate, fit Mary Jane.

— Browne est partout, dit Tante Kate en baissant la voix.

Mary Jane rit du ton qu'elle avait pris.

— Vraiment, dit-elle d'un air malicieux, il est plein d'attentions.

— On n'a vu que lui, dit Tante Kate sur le même ton, pendant toute la Noël.

Elle rit à son tour, cette fois sur le ton de la bonne humeur, et puis ajouta rapidement :

— Mais dis-lui de rentrer, Mary Jane, et ferme la porte. Je prie le Ciel qu'il ne m'ait pas entendue.

À ce moment-là la porte d'entrée s'ouvrit et Mr Browne, qui était sur le pas de la porte, entra, riant à perdre le souffle. Il était vêtu d'un long manteau vert à col et manchettes de simili-astrakan, et portait un bonnet de fourrure ovale. Il indiquait la direction du quai recouvert de neige, d'où parvenait le bruit de coups de sifflet aigus et prolongés.

— Teddy va faire sortir tous les fiacres de Dublin, dit-il.

Gabriel émergea du petit office situé derrière le bureau en enfilant péniblement son manteau et dit, après avoir parcouru l'entrée du regard :

— Gretta n'est pas encore descendue ?

— Elle est en train de mettre ses affaires, Gabriel, dit Tante Kate.

— Qui donc est en train de jouer là-haut ? demanda Gabriel.

— Personne. Ils sont tous partis.

— Oh non, Tante Kate, fit Mary Jane. Bartell D'Arcy et Miss O'Callaghan ne sont pas encore partis.

"Someone is strumming at the piano, anyhow," said Gabriel.

Mary Jane glanced at Gabriel and Mr Browne and said with a shiver:

"It makes me feel cold to look at you two gentlemen muffled up like that. I wouldn't like to face your journey home at this hour."

"I'd like nothing better this minute," said Mr Browne stoutly, "than a rattling fine walk in the country or a fast drive with a good spanking goer between the shafts."

"We used to have a very good horse and trap at home," said Aunt Julia sadly.

"The never-to-be-forgotten Johnny," said Mary Jane, laughing.

Aunt Kate and Gabriel laughed too.

"Why, what was wonderful about Johnny?" asked Mr Browne.

"The late lamented Patrick Morkan, our grandfather, that is," explained Gabriel, "commonly known in his later years as the old gentleman, was a glue-boiler."

"O, now, Gabriel," said Aunt Kate, laughing, "he had a starch mill."

"Well, glue or starch," said Gabriel, "the old gentleman had a horse by the name of Johnny. And Johnny used to work in the old gentleman's mill, walking round and round in order to drive the mill. That was all very well; but now comes the tragic part about Johnny.

Les morts

— Quelqu'un pianote, en tout cas, dit Gabriel.

Mary Jane jeta un coup d'œil à Gabriel et à Mr Browne et dit en frissonnant :

— Cela me donne froid de vous regarder tous les deux, emmitouflés de cette façon. Je n'aimerais pas devoir affronter votre voyage de retour à cette heure-ci.

— En ce moment même, rien ne me ferait plus plaisir, dit Mr Browne résolument, qu'une bonne petite marche dans la campagne, ou filer sur les routes avec un trotteur de première entre les traits.

— Nous avions autrefois à la maison un très bon attelage de cabriolet, dit Tante Julia avec tristesse.

— L'inoubliable Johnny, dit Mary Jane en riant.

Tante Kate et Gabriel rirent également.

— Eh bien, qu'avait-il donc d'extraordinaire, ce Johnny ? demanda Mr Browne.

— Le regretté Patrick Morkan, c'est-à-dire feu notre grand-père, expliqua Gabriel, couramment appelé vers la fin de sa vie le vieux monsieur, était fabricant de colle.

— Oh, allons, Gabriel, dit Tante Kate en riant, il avait une fabrique d'amidon[1].

— Bon, colle ou amidon, dit Gabriel, le vieux monsieur avait un cheval du nom de Johnny. Et Johnny travaillait dans la fabrique du vieux monsieur, tournant en rond à longueur de journée pour faire marcher le moulin. Fort bien ; mais voici où les choses deviennent tragiques pour Johnny.

---

1. L'arrière-grand-père de James Joyce du côté maternel, Mr Flynn, avait une fabrique d'amidon.

One fine day the old gentleman thought he'd like to drive out with the quality to a military review in the park."

"The Lord have mercy on his soul," said Aunt Kate compassionately.

"Amen," said Gabriel. "So the old gentleman, as I said, harnessed Johnny and put on his very best tall hat and his very best stock collar and drove out in grand style from his ancestral mansion somewhere near Back Lane, I think."

Every one laughed, even Mrs Malins, at Gabriel's manner and Aunt Kate said:

"O now, Gabriel, he didn't live in Back Lane, really. Only the mill was there."

"Out from the mansion of his forefathers," continued Gabriel, "he drove with Johnny. And everything went on beautifully until Johnny came in sight of King Billy's statue: and whether he fell in love with the horse King Billy sits on or whether he thought he was back again in the mill, anyhow he began to walk round the statue."

Gabriel paced in a circle round the hall in his goloshes amid the laughter of the others.

---

1. Cette petite rue existe, sur la rive droite de la Liffey, à la hauteur de Merchant's Quay. Son nom même suggère qu'elle est modeste, et Joyce en joue.
2. Cette statue était située dans College Green, devant Trinity College. Guillaume d'Orange (1650-1702), vainqueur des catholiques irlandais à la bataille de la Boyne en 1690, était, et reste, peu populaire en Irlande, en dehors des milieux protestants, en

Un beau jour le vieux monsieur se mit en tête de prendre son cabriolet pour aller avec le beau monde assister à une revue militaire dans le parc.

— Que le Seigneur lui pardonne, dit Tante Kate tout attendrie.

— Amen, dit Gabriel. Donc, comme je le disais, le vieux monsieur harnache Johnny, met son plus beau haut-de-forme et son plus beau col cravate et quitte, très grand genre, la demeure ancestrale, quelque part du côté de Back Lane[1], si je ne m'abuse.

La manière dont Gabriel présentait les choses fit rire tout le monde, y compris Mrs Malins, et Tante Kate dit :

— Allons, Gabriel, il n'habitait pas vraiment Back Lane. Il n'y avait là que la fabrique.

— Il quitte donc la demeure de ses ancêtres, poursuivit Gabriel, conduisant Johnny. Et tout alla à merveille jusqu'au moment où Johnny arriva en vue de la statue du Roi Billy[2] ; là, on ne sait s'il tomba amoureux du cheval sur lequel est assis le Roi Billy ou s'il se crut de retour au moulin : toujours est-il qu'il se mit à tourner autour de la statue.

Au milieu des rires des autres, Gabriel tournait en rond à pas lents dans le vestibule, chaussé de ses caoutchoucs.

---

particulier ceux de l'Ulster. Aussi sa statue subit-elle bien des avanies avant de disparaître définitivement en 1929. Si elle recevait deux fois par an (pour l'anniversaire de la bataille, et pour celui du souverain) l'hommage des protestants, elle fut plusieurs fois dynamitée, décapitée (d'autant plus facilement qu'elle était en plomb) ou couverte de peinture par le parti adverse. Cet objet de risée vient accentuer le côté comique de l'anecdote.

"Round and round he went," said Gabriel, "and the old gentleman, who was a very pompous old gentleman, was highly indignant. 'Go on, sir! What do you mean, sir? Johnny! Johnny! Most extraordinary conduct! Can't understand the horse!'"

The peals of laughter which followed Gabriel's imitation of the incident were interrupted by a resounding knock at the hall-door. Mary Jane ran to open it and let in Freddy Malins. Freddy Malins, with his hat well back on his head and his shoulders humped with cold, was puffing and steaming after his exertions.

"I could only get one cab," he said.

"O, we'll find another along the quay," said Gabriel.

"Yes," said Aunt Kate. "Better not keep Mrs Malins standing in the draught."

Mrs Malins was helped down the front steps by her son and Mr Browne and, after many manœuvres, hoisted into the cab. Freddy Malins clambered in after her and spent a long time settling her on the seat, Mr Browne helping him with advice. At last she was settled comfortably and Freddy Malins invited Mr Browne into the cab. There was a good deal of confused talk, and then Mr Browne got into the cab. The cabman settled his rug over his knees, and bent down for the address. The confusion grew greater and the cabman was directed differently by Freddy Malins and Mr Browne, each of whom had his head out through a window of the cab. The difficulty was to know where to drop Mr Browne along the route and Aunt Kate,

— Il tournait, il tournait, disait Gabriel, et le vieux monsieur, fort pompeux au demeurant, était au comble de l'indignation. « Allons, monsieur ! Que signifie ? Johnny ! Johnny ! Quelle extraordinaire conduite ! Je ne comprends pas ce qui est arrivé à ce cheval ! »

Les éclats de rire qui suivirent cette imitation par Gabriel furent interrompus par un coup de heurtoir retentissant donné à la porte d'entrée. Mary Jane courut ouvrir et fit entrer Freddy Malins. Celui-ci, le chapeau rejeté en arrière et les épaules recroquevillées par le froid, après s'être bien démené soufflait maintenant force buée.

— Je n'ai pu trouver qu'un seul fiacre.

— Oh, nous en trouverons un autre sur le quai, dit Gabriel.

— Oui, dit Tante Kate. Mieux vaut ne pas laisser Mrs Malins dans le courant d'air.

Mrs Malins descendit le perron aidée par son fils et par Mr Browne et, après force manœuvres, fut hissée dans le fiacre. Freddy Malins grimpa derrière elle et mit un long moment à l'installer sur son siège, aidé par les conseils de Mr Browne. Lorsqu'il eut enfin assuré son confort, Freddy Malins invita Mr Browne à monter. Il y eut une longue discussion confuse, et finalement Mr Browne monta dans le fiacre. Le cocher arrangea la couverture sur ses genoux et se pencha pour prendre l'adresse. La confusion s'accrut et il reçut des instructions différentes de Freddy Malins et de Mr Browne, dont chacun passait la tête par une fenêtre. Le problème était de savoir en quel point de l'itinéraire on allait déposer Mr Browne, et Tante Kate,

Aunt Julia and Mary Jane helped the discussion from the doorstep with cross-directions and contradictions and abundance of laughter. As for Freddy Malins he was speechless with laughter. He popped his head in and out of the window every moment, to the great danger of his hat, and told his mother how the discussion was progressing, till at last Mr Browne shouted to the bewildered cabman above the din of everybody's laughter:

"Do you know Trinity College?"

"Yes, sir," said the cabman.

"Well, drive bang up against Trinity College gates," said Mr Browne, "and then we'll tell you where to go. You understand now?"

"Yes, sir," said the cabman.

"Make like a bird for Trinity College."

"Right, sir," cried the cabman.

The horse was whipped up and the cab rattled off along the quay amid a chorus of laughter and adieus.

Gabriel had not gone to the door with the others. He was in a dark part of the hall gazing up the staircase. A woman was standing near the top of the first flight, in the shadow also. He could not see her face but he could see the terracotta and salmon-pink panels of her skirt which the shadow made appear black and white. It was his wife. She was leaning on the banisters, listening to something. Gabriel was surprised at her stillness and strained his ear to listen also. But he could hear little save the noise of laughter and dispute on the front steps,

Tante Julia et Mary Jane du pas de la porte aidaient à la discussion avec des instructions divergentes et des contradictions, et force rires. Quant à Freddy Malins, il riait à ne plus pouvoir parler. Il sortait la tête par la fenêtre à chaque instant, faisant courir les plus grands dangers à son chapeau, et tenait sa mère au courant des progrès de la discussion jusqu'à ce que pour finir Mr Browne, dominant les rires de tous, criât au cocher éberlué :

— Connaissez-vous Trinity College ?
— Oui, monsieur, dit le cocher.
— Eh bien, foncez droit sur le grand portail de Trinity College, dit Mr Browne, et une fois là nous vous dirons où aller. Vous saisissez maintenant ?
— Oui, monsieur, dit le cocher.
— Courez, volez droit sur Trinity College.
— Bien, monsieur, s'écria le cocher.

Il fouetta son cheval et le fiacre s'en alla cahin-caha sur le quai au milieu d'un chœur de rires et d'adieux.

Gabriel n'était pas allé à la porte avec les autres. Resté dans un coin sombre de l'entrée il regardait vers le haut de l'escalier. Une femme se tenait presque au sommet de la première volée de marches, dans l'ombre également. Il ne pouvait voir son visage, mais pouvait voir les panneaux terre cuite et rose saumon de sa robe, que l'ombre faisait paraître noirs et blancs. C'était sa femme. Appuyée sur la rampe, elle écoutait quelque chose. Gabriel était surpris de son immobilité et tendit l'oreille pour écouter lui aussi. Mais il ne pouvait guère entendre que le bruit des rires et des débats dont le perron était le théâtre,

a few chords struck on the piano and a few notes of a man's voice singing.

He stood still in the gloom of the hall, trying to catch the air that the voice was singing and gazing up at his wife. There was grace and mystery in her attitude as if she were a symbol of something. He asked himself what is a woman standing on the stairs in the shadow, listening to distant music, a symbol of. If he were a painter he would paint her in that attitude. Her blue felt hat would show off the bronze of her hair against the darkness and the dark panels of her skirt would show off the light ones. *Distant Music* he would call the picture if he were a painter.

The hall-door was closed; and Aunt Kate, Aunt Julia and Mary Jane came down the hall, still laughing.

"Well, isn't Freddy terrible?" said Mary Jane. "He's really terrible."

Gabriel said nothing but pointed up the stairs towards where his wife was standing. Now that the hall-door was closed the voice and the piano could be heard more clearly. Gabriel held up his hand for them to be silent.

---

1. L'origine de ce « tableau » se trouve probablement dans le roman du compatriote de James Joyce, Sheridan Le Fanu, *All in the Dark*, 1865. Le passage met en scène William Maubrey, amoureux de Violet Darkwell, qui vient de l'éconduire : « Elle avait tout à fait disparu en haut des escaliers, et il gardait encore entre ses doigts la poignée de la porte, le regard levé vers les marches désertes, écoutant, pour ainsi dire, une lointaine musique. Puis,

quelques accords plaqués sur le piano et quelques notes lancées par la voix d'un homme en train de chanter.

Immobile dans les ténèbres de l'entrée, il tentait de saisir l'air que la voix chantait et levait les yeux vers sa femme. Il y avait de la grâce et du mystère dans son attitude, comme si elle était le symbole de quelque chose. Il se demanda ce qu'une femme, debout dans l'escalier, écoutant une lointaine musique, symbolise. S'il était peintre, il la représenterait dans cette attitude. Son chapeau de feutre bleu ferait ressortir le bronze de ses cheveux sur le fond d'obscurité et les panneaux sombres de sa jupe feraient ressortir ceux qui étaient clairs. *Lointaine Musique*, c'est ainsi qu'il appellerait le tableau s'il était peintre[1].

On ferma la porte d'entrée ; et Tante Kate, Tante Julia et Mary Jane traversèrent le vestibule, riant encore.

— Ah, mon Dieu, on peut dire que Freddy est insupportable ! dit Mary Jane. Oui, vraiment insupportable.

Gabriel ne dit rien, mais leur désigna dans l'escalier l'endroit où se trouvait sa femme. Maintenant que la porte d'entrée était fermée, on entendait plus clairement et la voix et le piano. Gabriel leva la main pour qu'elles fissent silence.

---

avec un petit soupir, il ferma tout à coup la porte, s'assit devant le feu, somnolent, et se mit à songer qu'il devrait retourner à son logement de Cambridge, à ses livres et à une vie monastique. » Dans sa pièce *Les Exilés*, James Joyce fait dire à l'un de ses héros, Robert, qui s'adresse à Berthe : « Je pense toujours à vous comme à une chose belle et lointaine : la lune ou quelque grave musique. »

The song seemed to be in the old Irish tonality and the singer seemed uncertain both of his words and of his voice. The voice, made plaintive by distance and by the singer's hoarseness, faintly illuminated the cadence of the air with words expressing grief:

> *O, the rain falls on my heavy locks*
> *And the dew wets my skin,*
> *My babe lies cold...*

"O," exclaimed Mary Jane. "It's Bartell D'Arcy singing, and he wouldn't sing all the night. O, I'll get him to sing a song before he goes."

"O, do, Mary Jane," said Aunt Kate.

Mary Jane brushed past the others and ran to the staircase but before she reached it the singing stopped and the piano was closed abruptly.

"O, what a pity!" she cried. "Is he coming down, Gretta?"

---

1. Refrain d'une ballade, *The Lass of Aughrim* [*La fille d'Aughrim*]. Aughrim est le nom de deux localités d'Irlande, l'une dans le comté de Galway, l'autre dans le comté de Wicklow, au sud de Dublin ; la première fut le théâtre d'une célèbre bataille (1691). Le thème est celui de la jeune fille séduite et abandonnée : lorsque son amant revient et qu'elle essaie de le revoir, il la laisse debout sous la pluie, son enfant dans les bras, sans lui permettre d'entrer, et, feignant de croire à une imposture, lui pose une série de questions. James Joyce chantait souvent cette chanson et prétendait en connaître trente-cinq strophes. En voici un échantillon :

Oh, Gregory, ne te souviens-tu pas
Une nuit sur la colline,
Quand nous avons échangé les anneaux de nos doigts,
Oh, bien contre ma volonté ?
Le mien était d'or battu,

Les morts

La chanson semblait être dans la tonalité de l'ancienne musique irlandaise et le chanteur semblait aussi peu sûr des paroles que de sa voix. Cette voix, rendue plaintive par la distance et par l'enrouement du chanteur, jetait un éclat mourant sur la cadence de l'air, grâce à des mots qui exprimaient la douleur :

> *Oh, la pluie tombe sur mes lourdes boucles*
> *Et la rosée mouille ma peau.*
> *Mon petit enfant gît glacé*[1]*...*

— Oh, s'exclama Mary Jane. C'est Bartell D'Arcy qui chante, alors qu'il n'a pas voulu chanter de toute la soirée. Oh, je vais lui faire chanter une chanson avant son départ.

— Oh, oui, c'est cela, Mary Jane, dit Tante Kate.

Mary Jane se glissa devant les autres et courut vers l'escalier mais avant qu'elle l'ait atteint le chant cessa et le piano fut fermé brusquement.

— Oh, quel dommage ! s'écria-t-elle. Est-ce qu'il descend, Gretta ?

Le tien n'était que d'étain noir.
La rosée mouille mes mèches blondes,
La pluie mouille ma peau,
Le petit enfant gît glacé dans mes bras
Oh, Gregory, laisse-moi entrer !

Oh, si tu es la fille d'Aughrim,
Et je crois bien que tu ne l'es pas,
Allons, dis-moi quel est le dernier gage
Que nous échangeâmes, toi et moi.

En août 1909, à Galway, James Joyce demanda à la mère de Nora Barnacle de lui chanter cette ballade, « mais elle n'aime pas me chanter les derniers vers, où les amants échangent leurs gages d'amour » (lettre à Nora du 26 août 1909) ; lui-même pleurera en la chantant (lettre du 31 août).

Gabriel heard his wife answer yes and saw her come down towards them. A few steps behind her were Mr Bartell D'Arcy and Miss O'Callaghan.

"O, Mr D'Arcy," cried Mary Jane, "it's downright mean of you to break off like that when we were all in raptures listening to you."

"I have been at him all the evening," said Miss O'Callaghan, "and Mrs Conroy too and he told us he had a dreadful cold and couldn't sing."

"O, Mr D'Arcy," said Aunt Kate, "now that was a great fib to tell."

"Can't you see that I'm as hoarse as a crow?" said Mr D'Arcy roughly.

He went into the pantry hastily and put on his overcoat. The others, taken aback by his rude speech, could find nothing to say. Aunt Kate wrinkled her brows and made signs to the others to drop the subject. Mr D'Arcy stood swathing his neck carefully and frowning.

"It's the weather," said Aunt Julia, after a pause.

"Yes, everybody has colds," said Aunt Kate readily, "everybody."

"They say," said Mary Jane, "we haven't had snow like it for thirty years; and I read this morning in the newspapers that the snow is general all over Ireland."

"I love the look of snow," said Aunt Julia sadly.

"So do I," said Miss O'Callaghan.

Gabriel entendit sa femme répondre que oui et la vit descendre vers eux. Quelques marches derrière elle venaient Mr Bartell D'Arcy et Miss O'Callaghan.

— Oh, Mr D'Arcy, s'écria Mary Jane, ça n'est franchement pas chic de vous arrêter comme cela, alors que nous étions tous à vous écouter dans le ravissement.

— Je l'ai harcelé toute la soirée, dit Miss O'Callaghan, et Mrs Conroy aussi, et il nous a dit avoir un affreux rhume et ne pouvoir chanter.

— Oh, Mr D'Arcy, dit Tante Kate, alors là vous racontiez une grosse craque.

— Vous ne voyez donc pas que je suis enroué comme un vieux corbeau? répondit Mr D'Arcy rudement.

Il pénétra vivement dans l'office et mit son manteau. Les autres, déconcertés par la brusquerie de ses paroles, ne trouvèrent rien à dire. Tante Kate fronça les sourcils et leur fit signe d'abandonner le sujet. Mr D'Arcy restait là à s'emmailloter le cou avec soin, l'air renfrogné.

— Avec ce temps..., dit Tante Julia après une pause.

— Oui, tout le monde prend froid, s'empressa de dire Tante Kate, vraiment tout le monde.

— On dit, fit Mary Jane, que nous n'avons pas eu autant de neige depuis trente ans; et j'ai lu ce matin dans les journaux que la neige était générale sur toute l'Irlande.

— J'adore voir de la neige, dit Tante Julia tristement.

— Moi aussi, dit Miss O'Callaghan.

"I think Christmas is never really Christmas unless we have the snow on the ground."

"But poor Mr D'Arcy doesn't like the snow," said Aunt Kate, smiling.

Mr D'Arcy came from the pantry, fully swathed and buttoned, and in a repentant tone told them the history of his cold. Every one gave him advice and said it was a great pity and urged him to be very careful of his throat in the night air. Gabriel watched his wife who did not join in the conversation. She was standing right under the dusty fanlight and the flame of the gas lit up the rich bronze of her hair which he had seen her drying at the fire a few days before. She was in the same attitude and seemed unaware of the talk about her. At last she turned towards them and Gabriel saw that there was colour on her cheeks and that her eyes were shining. A sudden tide of joy went leaping out of his heart.

"Mr D'Arcy," she said, "what is the name of that song you were singing?"

"It's called *The Lass of Aughrim*," said Mr D'Arcy, "but I couldn't remember it properly. Why? Do you know it?"

"*The Lass of Aughrim*," she repeated. "I couldn't think of the name."

"It's a very nice air," said Mary Jane. "I'm sorry you were not in voice to-night."

"Now, Mary Jane," said Aunt Kate, "don't annoy Mr D'Arcy. I won't have him annoyed."

Je trouve que Noël n'est jamais vraiment Noël s'il n'y a pas de neige sur le sol.

— Mais ce pauvre Mr D'Arcy n'aime pas la neige, fit Tante Kate en souriant.

Mr D'Arcy sortit de l'office, complètement emmailloté et boutonné, et sur le ton du repentir leur fit l'historique de son rhume. Chacun lui prodigua ses conseils, exprima ses regrets et le pressa de prendre grand soin de sa gorge dans l'air de la nuit. Gabriel observait sa femme qui ne se mêlait pas à la conversation. Elle se trouvait juste au-dessous de l'imposte poussiéreuse, et la flamme du gaz illuminait le bronze somptueux de cette chevelure qu'il lui avait vu sécher devant le feu quelques jours auparavant. Elle avait la même attitude et ne semblait pas avoir conscience de la conversation qui se déroulait autour d'elle. Elle se tourna enfin vers eux, et Gabriel s'aperçut que ses joues étaient colorées et ses yeux brillants. Son cœur tout d'un coup déborda d'une joie bouleversante.

— Mr D'Arcy, dit-elle, quel est le titre de cette chanson que vous chantiez ?

— C'est *La fille d'Aughrim*, répondit-il, mais je n'arrivais pas à me la rappeler correctement. Pourquoi ? La connaissez-vous ?

— *La fille d'Aughrim*, répéta-t-elle. Je ne parvenais pas à retrouver le nom.

— C'est un air très joli, dit Mary Jane. Je suis désolée que vous n'ayez pas été en voix ce soir.

— Allons, Mary Jane, dit Tante Kate, ne contrarie pas Mr D'Arcy. Je ne permettrai pas qu'on le contrarie.

Seeing that all were ready to start she shepherded them to the door where good-night was said:

"Well, good-night, Aunt Kate, and thanks for the pleasant evening."

"Good-night, Gabriel. Good-night, Gretta!"

"Good-night, Aunt Kate, and thanks ever so much. Good-night, Aunt Julia."

"O, good-night, Gretta, I didn't see you."

"Good-night, Mr D'Arcy. Good-night, Miss O'Callaghan."

"Good-night, Miss Morkan."

"Good-night, again."

"Good-night, all. Safe home."

"Good-night. Good-night."

The morning was still dark. A dull yellow light brooded over the houses and the river; and the sky seemed to be descending. It was slushy underfoot; and only streaks and patches of snow lay on the roofs, on the parapets of the quay and on the area railings. The lamps were still burning redly in the murky air and, across the river, the palace of the Four Courts stood out menacingly against the heavy sky.

She was walking on before him with Mr Bartell D'Arcy, her shoes in a brown parcel tucked under one arm and her hands holding her skirt up from the slush. She had no longer any grace of attitude but Gabriel's eyes were still bright with happiness. The blood went bounding along his veins; and the thoughts went rioting through his brain, proud, joyful, tender, valorous.

Voyant que tous étaient prêts à partir, elle conduisit son monde vers la porte, où l'on se souhaita le bonsoir :

— Eh bien, bonsoir, Tante Kate, et merci pour l'agréable soirée.

— Bonsoir, Gabriel. Bonsoir, Gretta !

— Bonsoir, Tante Kate, et merci mille fois. Bonsoir, Tante Julia.

— Oh, bonsoir, Gretta, je ne vous voyais pas.

— Bonsoir, Mr D'Arcy. Bonsoir, Miss O'Callaghan.

— Bonsoir, Miss Morkan.

— Bonsoir, encore une fois.

— Bonsoir, tout le monde. Rentrez bien.

— Bonsoir. Bonsoir.

Le matin était encore sombre. Une lumière jaune et terne planait sur les maisons et sur le fleuve ; et le ciel semblait en train de descendre. On marchait dans de la neige fondue ; et il n'en subsistait que des traînées et des plaques sur les toits, sur les parapets du quai et sur les grilles des courettes. Les réverbères brûlaient encore d'un éclat rouge dans l'air fuligineux et, de l'autre côté du fleuve, le palais des Four Courts se dressait menaçant contre le ciel lourd.

Elle marchait devant lui avec Mr Bartell D'Arcy, serrant sous son bras le paquet brun qui contenait ses souliers et tenant sa jupe à deux mains au-dessus de la neige fondue. Elle n'avait plus la même grâce dans l'attitude mais les yeux de Gabriel brillaient encore de bonheur. Le sang bondissait littéralement dans ses veines ; et des pensées traversaient son cerveau en tumulte, exprimant tour à tour fierté, joie, tendresse, vaillance.

She was walking on before him so lightly and so erect that he longed to run after her noiselessly, catch her by the shoulders and say something foolish and affectionate into her ear. She seemed to him so frail that he longed to defend her against something and then to be alone with her. Moments of their secret life together burst like stars upon his memory. A heliotrope envelope was lying beside his breakfast-cup and he was caressing it with his hand. Birds were twittering in the ivy and the sunny web of the curtain was shimmering along the floor: he could not eat for happiness. They were standing on the crowded platform and he was placing a ticket inside the warm palm of her glove. He was standing with her in the cold, looking in through a grated window at a man making bottles in a roaring furnace. It was very cold. Her face, fragrant in the cold air, was quite close to his; and suddenly she called out to the man at the furnace:

"Is the fire hot, sir?"

But the man could not hear her with the noise of the furnace. It was just as well. He might have answered rudely.

A wave of yet more tender joy escaped from his heart and went coursing in warm flood along his arteries. Like the tender fires of stars moments of their life together,

Elle marchait devant lui si légère et si droite qu'il avait un ardent désir de courir derrière elle sans bruit, de la saisir par les épaules et de lui dire à l'oreille quelque chose d'insensé et de tendre. Elle lui semblait si frêle qu'il brûlait du désir de la défendre contre quelque chose et puis d'être seul avec elle. Des moments secrets de leur vie ensemble éclataient en sa mémoire tels des astres. Une enveloppe héliotrope était posée près de son déjeuner, et il la caressait de la main. Des oiseaux gazouillaient dans le lierre, et la trame ensoleillée du rideau chatoyait sur le sol : le bonheur l'empêchait de manger. Ils se tenaient sur un quai de gare au milieu de la foule, et il glissait un billet dans la paume chaude de son gant. Il était avec elle debout dans le froid, regardant par une fenêtre grillée un homme occupé à fabriquer des bouteilles devant un four ronflant. Il faisait très froid. Tout contre le sien, son visage embaumait dans l'air glacé ; et, tout à coup, elle s'adressait à l'ouvrier :

— Dites, monsieur, est-ce qu'il est très chaud, ce feu ?

Mais l'homme ne pouvait pas l'entendre à cause du bruit du four. C'était aussi bien. Il aurait peut-être répondu grossièrement[1].

Une vague de joie plus tendre encore s'échappa de son cœur et, parcourant ses artères, les inonda de chaleur. Comme les tendres feux des astres, certains moments de leur vie ensemble,

---

1. Cette scène a probablement sa source dans un passage du roman de Gabriele D'Annunzio, *Le Feu*, roman où, selon Umberto Eco, Joyce aurait puisé le concept littéraire d'épiphanie, qui lui est cher.

that no one knew of or would ever know of, broke upon and illumined his memory. He longed to recall to her those moments, to make her forget the years of their dull existence together and remember only their moments of ecstasy. For the years, he felt, had not quenched his soul or hers. Their children, his writing, her household cares had not quenched all their souls' tender fire. In one letter that he had written to her then he had said: "Why is it that words like these seem to me so dull and cold? Is it because there is no word tender enough to be your name?"

Like distant music these words that he had written years before were borne towards him from the past. He longed to be alone with her. When the others had gone away, when he and she were in the room in the hotel, then they would be alone together. He would call her softly:

"Gretta!"

Perhaps she would not hear at once: she would be undressing. Then something in his voice would strike her. She would turn and look at him...

At the corner of Winetavern Street they met a cab. He was glad of its rattling noise as it saved him from conversation.

---

1. Cela est à peu près textuellement la dernière phrase de la lettre de James Joyce à Nora Barnacle du 26 septembre 1904, peu de jours avant leur départ de Dublin (*Lettres*, t. II, éd. cit., p. 149).

2. Rue de la rive droite de la Liffey, entre Merchant's Quay

dont personne n'avait ni n'aurait jamais connaissance, remontèrent en sa mémoire pour l'illuminer. Il brûlait du désir de lui rappeler ces moments, de lui faire oublier les années de leur terne existence commune et se souvenir seulement de leurs moments d'extase. Car les années, il le sentait, n'avaient point éteint son âme, ni celle de sa femme. Leurs enfants, ce qu'il écrivait et, pour elle, les soucis domestiques, n'avaient point éteint toute la tendresse enflammée de leurs âmes. Dans une lettre qu'il lui avait alors écrite, il avait dit: « Pourquoi de tels mots me paraissent-ils si ternes et si froids? Est-ce parce qu'il n'est point de mot assez tendre pour être ton nom[1]? »

Telle une lointaine musique, ces mots qu'il avait écrits des années auparavant se portaient vers lui du fond du passé. Il brûlait d'être seul avec elle. Lorsque les autres seraient partis, lorsque lui et elle seraient dans leur chambre d'hôtel, alors ils seraient seuls ensemble. Il l'appellerait doucement:

— Gretta!

Peut-être n'entendrait-elle pas tout de suite: elle serait en train de se déshabiller. Puis, quelque chose dans sa voix la frapperait. Elle se tournerait et le regarderait...

Au coin de Winetavern Street[2], ils rencontrèrent un fiacre. Le vacarme de la voiture lui fit plaisir car il lui épargnait toute conversation.

---

et Wood Quay. Joyce avait d'abord écrit «Bridgefoot Street», rue parallèle à la précédente, mais toute proche, et en fait trop proche, de Usher's Island, où s'était déroulée la soirée: la correction est manifestement inspirée par un souci de vraisemblance réaliste.

She was looking out of the window and seemed tired. The others spoke only a few words, pointing out some building or street. The horse galloped along wearily under the murky morning sky, dragging his old rattling box after his heels, and Gabriel was again in a cab with her, galloping to catch the boat, galloping to their honeymoon.

As the cab drove across O'Connell Bridge Miss O'Callaghan said:

"They say you never cross O'Connell Bridge without seeing a white horse."

"I see a white man this time," said Gabriel.

"Where?" asked Mr Bartell D'Arcy.

Gabriel pointed to the statue, on which lay patches of snow. Then he nodded familiarly to it and waved his hand.

"Good-night, Dan," he said gaily.

When the cab drew up before the hotel Gabriel jumped out and, in spite of Mr Bartell D'Arcy's protest, paid the driver. He gave the man a shilling over his fare. The man saluted and said:

"A prosperous New Year to you, sir."

"The same to you," said Gabriel cordially.

She leaned for a moment on his arm in getting out of the cab and while standing at the curbstone, bidding the others good-night. She leaned lightly on his arm,

Elle regardait par la portière et semblait fatiguée. Les autres ne prononçaient que quelques mots, signalant un bâtiment ou une rue. Le cheval galopait d'un air las sous le ciel fuligineux du petit matin, traînant sur ses talons le vacarme de sa vieille caisse, et Gabriel se retrouvait dans un fiacre, galopant pour attraper le bateau, galopant vers leur lune de miel.

Tandis que le fiacre passait sur O'Connell Bridge, Miss O'Callaghan dit :

— Il paraît qu'on ne passe jamais sur O'Connell Bridge sans voir un cheval blanc.

— Cette fois-ci je vois un homme blanc, fit Gabriel.

— Où cela ? dit Mr Bartell D'Arcy.

Gabriel désigna la statue[1], sur laquelle la neige restait déposée en plaques. Puis il lui adressa un signe de tête familier et un geste de la main :

— Bonne nuit, Dan, fit-il gaiement.

Lorsque le fiacre s'arrêta devant l'hôtel, Gabriel descendit d'un bond et, en dépit des protestations de Mr Bartell D'Arcy, paya le cocher. Il donna un shilling à l'homme en plus du prix de la course. L'homme les salua et dit :

— Bonne année et prospérité, monsieur.

— À vous pareillement, répliqua Gabriel, cordial.

Elle resta un moment appuyée sur son bras en sortant de la voiture et pendant que, sur le bord du trottoir, elle souhaitait le bonsoir aux autres. Elle s'appuyait légèrement à son bras,

---

1. Statue de Daniel O'Connell (1775-1847), surnommé « le Libérateur », en raison de son action, couronnée de succès, en faveur de l'émancipation politique des catholiques.

as lightly as when she had danced with him a few hours before. He had felt proud and happy then, happy that she was his, proud of her grace and wifely carriage. But now, after the kindling again of so many memories, the first touch of her body, musical and strange and perfumed, sent through him a keen pang of lust. Under cover of her silence he pressed her arm closely to his side; and, as they stood at the hotel door, he felt that they had escaped from their lives and duties, escaped from home and friends and run away together with wild and radiant hearts to a new adventure.

An old man was dozing in a great hooded chair in the hall. He lit a candle in the office and went before them to the stairs. They followed him in silence, their feet falling in soft thuds on the thickly carpeted stairs. She mounted the stairs behind the porter, her head bowed in the ascent, her frail shoulders curved as with a burden, her skirt girt tightly about her. He could have flung his arms about her hips and held her still for his arms were trembling with desire to seize her and only the stress of his nails against the palms of his hands held the wild impulse of his body in check. The porter halted on the stairs to settle his guttering candle. They halted too on the steps below him.

1. Voir la lettre à Nora du 22 août 1909 : « Orne ton corps pour moi, chérie. Sois belle et heureuse et aimante et provocante, remplie de souvenirs, remplie de désirs, quand nous nous retrouve-

aussi légèrement qu'elle l'avait fait en dansant avec lui quelques heures auparavant. Il s'était alors senti fier et heureux, heureux qu'elle soit à lui, fier de sa grâce et de son maintien d'épouse. En cet instant, pourtant, après le réveil enflammé de tant de souvenirs, le premier contact avec son corps, musical, étrange, parfumé[1], fit courir dans tout son être la douleur aiguë de la concupiscence. À l'abri du silence qu'elle gardait, il pressa son bras tout contre lui ; et, pendant qu'ils attendaient à la porte de l'hôtel, il eut le sentiment qu'ils avaient échappé à leurs existences et à leurs devoirs, échappé à leur foyer et à leurs amis, et qu'ils s'enfuyaient maintenant ensemble, le cœur fou et radieux, vers une nouvelle aventure.

Un vieil homme sommeillait dans l'entrée au fond d'un grand fauteuil à capote. Il alluma une bougie dans le bureau et les précéda vers l'escalier. Ils le suivirent en silence, leurs pas ne faisant, sur les marches recouvertes d'un épais tapis, qu'un bruit amorti. Elle gravissait l'escalier derrière le portier, montant la tête inclinée, ses frêles épaules courbées comme par un fardeau, la jupe très ajustée. Il était bien près de lui jeter les bras autour des hanches et de l'immobiliser tant ses bras tremblaient du désir de s'emparer d'elle et ce n'est qu'en enfonçant les ongles dans la paume de ses mains qu'il tint en échec la folle impulsion de son corps. Le portier s'arrêta dans l'escalier pour arranger la bougie qui coulait. Ils s'arrêtèrent à leur tour sur les marches, au-dessous de lui.

---

rons. Te souviens-tu des trois adjectifs dont je me suis servi dans *Les morts* en parlant de ton corps ? Les voici : "musical, étrange et parfumé". » (*Œuvres*, t. I, Pléiade, p. 1258.)

In the silence Gabriel could hear the falling of the molten wax into the tray and the thumping of his own heart against his ribs.

The porter led them along a corridor and opened a door. Then he set his unstable candle down on a toilet-table and asked at what hour they were to be called in the morning.

"Eight," said Gabriel.

The porter pointed to the tap of the electric-light and began a muttered apology but Gabriel cut him short.

"We don't want any light. We have light enough from the street. And I say," he added, pointing to the candle, "you might remove that handsome article, like a good man."

The porter took up his candle again, but slowly for he was surprised by such a novel idea. Then he mumbled good night and went out. Gabriel shot the lock to.

A ghostly light from the street lamp lay in a long shaft from one window to the door. Gabriel threw his overcoat and hat on a couch and crossed the room towards the window. He looked down into the street in order that his emotion might calm a little. Then he turned and leaned against a chest of drawers with his back to the light. She had taken off her hat and cloak and was standing before a large swinging mirror, unhooking her waist. Gabriel paused for a few moments, watching her, and then said:

"Gretta!"

She turned away from the mirror slowly and walked along the shaft of light towards him.

Dans le silence, Gabriel entendait la cire fondue tomber sur le plateau et son cœur battre à coups sourds contre ses côtes.

Le portier les conduisit le long d'un corridor et ouvrit une porte. Puis il posa sa bougie instable sur la toilette et demanda à quelle heure il fallait les appeler.

— Huit heures, dit Gabriel.

Le portier, montrant l'interrupteur, se mit à marmonner une excuse mais Gabriel le coupa net.

— Nous n'avons pas besoin de lumière. Nous avons assez de celle de la rue. Et je dirai même, ajouta-t-il en montrant la bougie, que vous pourriez emporter ce bel objet, ce serait gentil à vous.

Le portier reprit sa bougie, avec lenteur cependant, car une idée aussi originale le surprenait. Puis il sortit en marmottant un bonsoir. Gabriel verrouilla la porte.

Une lueur spectrale venue du réverbère s'étendait en un long trait d'une fenêtre jusqu'à la porte. Gabriel jeta son manteau et son chapeau sur un canapé et, traversant la pièce, se dirigea vers la fenêtre. Il plongea le regard dans la rue pour permettre à son émoi de se calmer un peu. Puis, se détournant, il s'appuya contre une commode, le dos à la lumière. Elle avait ôté chapeau et cape et se tenait devant une grande psyché, dégrafant sa robe. Gabriel l'observa quelques instants en silence, puis dit:

— Gretta !

Elle se détourna lentement du miroir et, suivant le trait de lumière, s'avança vers lui.

Her face looked so serious and weary that the words would not pass Gabriel's lips. No, it was not the moment yet.

"You looked tired," he said.

"I am a little," she answered.

"You don't feel ill or weak?"

"No, tired: that's all."

She went on to the window and stood there, looking out. Gabriel waited again and then, fearing that diffidence was about to conquer him, he said abruptly:

"By the way, Gretta!"

"What is it?"

"You know that poor fellow Malins?" he said quickly.

"Yes. What about him?"

"Well, poor fellow, he's a decent sort of chap, after all," continued Gabriel in a false voice. "He gave me back that sovereign I lent him and I didn't expect it really. It's a pity he wouldn't keep away from that Browne, because he's not a bad fellow at heart."

He was trembling now with annoyance. Why did she seem so abstracted? He did not know how he could begin. Was she annoyed, too, about something? If she would only turn to him or come to him of her own accord! To take her as she was would be brutal. No, he must see some ardour in her eyes first. He longed to be master of her strange mood.

"When did you lend him the pound?" she asked, after a pause.

Son visage paraissait si grave et si las que les mots n'arrivaient pas à franchir les lèvres de Gabriel. Non, ce n'était pas encore le moment.

— Vous avez l'air fatiguée, dit-il.
— Je le suis un peu, répondit-elle.
— Vous ne vous sentez pas malade, ou faible ?
— Non, fatiguée : c'est tout.

Elle continua jusqu'à la fenêtre où elle resta, à regarder au-dehors. Gabriel attendit encore et puis, redoutant de bientôt perdre toute assurance, dit brusquement :

— À propos, Gretta !
— Qu'y a-t-il ?
— Vous savez, ce pauvre Malins ? dit-il très vite.
— Oui. Que lui est-il arrivé ?
— Eh bien, le pauvre, c'est un brave type, après tout, poursuivit Gabriel d'une voix qui sonnait faux. Il m'a rendu ce souverain que je lui avais prêté et vraiment je ne m'y attendais pas. Quel dommage qu'il s'obstine à fréquenter ce Browne, parce que au fond ce n'est pas un mauvais bougre.

Maintenant il tremblait de contrariété. Pourquoi paraissait-elle si pensive ? Il ne voyait pas de quelle façon il pouvait commencer. Y avait-il quelque chose qui la contrariait, elle aussi ? Si seulement elle se tournait vers lui ou venait vers lui de son propre mouvement ! La prendre telle qu'elle était là serait digne d'une brute. Non, il fallait d'abord qu'il vît quelque ardeur dans ses yeux. Il brûlait d'être le maître de son étrange disposition.

— Quand lui avez-vous prêté cette livre ? demanda-t-elle après un silence.

Gabriel strove to restrain himself from breaking out into brutal language about the sottish Malins and his pound. He longed to cry to her from his soul, to crush her body against his, to overmaster her. But he said:

"O, at Christmas, when he opened that little Christmas-card shop in Henry Street."

He was in such a fever of rage and desire that he did not hear her come from the window. She stood before him for an instant, looking at him strangely. Then, suddenly raising herself on tiptoe and resting her hands lightly on his shoulders, she kissed him.

"You are a very generous person, Gabriel," she said.

Gabriel, trembling with delight at her sudden kiss and at the quaintness of her phrase, put his hands on her hair and began smoothing it back, scarcely touching it with his fingers. The washing had made it fine and brilliant. His heart was brimming over with happiness. Just when he was wishing for it she had come to him of her own accord. Perhaps her thoughts had been running with his. Perhaps she had felt the impetuous desire that was in him and then the yielding mood had come upon her. Now that she had fallen to him so easily he wondered why he had been so diffident.

He stood, holding her head between his hands. Then, slipping one arm swiftly about her body and drawing her towards him, he said softly:

Gabriel dut faire un effort pour ne pas exploser et dire en termes brutaux ce qu'il pensait de ce poivrot de Malins et de sa livre. Il brûlait de crier vers elle du fond de son âme, d'écraser son corps contre le sien, de la maîtriser. Mais il dit :

— Oh, à Noël, lorsqu'il a ouvert cette petite boutique de cartes de Noël dans Henry Street[1].

Telle était la fièvre de sa rage et de son désir, qu'il ne l'entendit pas venir de la fenêtre. Elle s'arrêta devant lui un instant, le regardant d'un air étrange. Puis, se hissant tout à coup sur la pointe des pieds et posant légèrement les mains sur ses épaules, elle l'embrassa.

— Vous êtes quelqu'un de très généreux, Gabriel, dit-elle.

Ce baiser soudain, cette formule étrange donnèrent à Gabriel un tremblement délicieux, et il posa les mains sur ses cheveux et se mit à les lisser, les effleurant tout juste de ses doigts. Le lavage les avait rendus fins et brillants. Son cœur débordait de bonheur. Au moment précis où il le souhaitait, elle était venue à lui de son propre mouvement. Peut-être ses pensées avaient-elles le même cours que les siennes. Peut-être avait-elle perçu l'impétueux désir qui était en lui et alors elle s'était sentie tout à coup disposée à l'abandon. Maintenant qu'elle lui avait cédé si facilement il se demandait comment il avait pu se montrer si peu assuré.

Il restait là, lui tenant la tête entre ses mains. Puis, lui glissant vivement un bras autour du corps et l'attirant à lui, il dit doucement :

---

1. Voir n. 1, p. 81.

"Gretta dear, what are you thinking about?"

She did not answer nor yield wholly to his arm. He said again, softly:

"Tell me what it is, Gretta. I think I know what is the matter. Do I know?"

She did not answer at once. Then she said in an outburst of tears:

"O, I am thinking about that song, *The Lass of Aughrim*."

She broke loose from him and ran to the bed and, throwing her arms across the bed-rail, hid her face. Gabriel stood stock-still for a moment in astonishment and then followed her. As he passed in the way of the cheval-glass he caught sight of himself in full length, his broad, well-filled shirtfront, the face whose expression always puzzled him when he saw it in a mirror and his glimmering gilt-rimmed eyeglasses. He halted a few paces from her and said:

"What about the song? Why does that make you cry?"

She raised her head from her arms and dried her eyes with the back of her hand like a child. A kinder note than he had intended went into his voice.

"Why, Gretta?" he asked.

"I am thinking about a person long ago who used to sing that song."

"And who was the person long ago?" asked Gabriel, smiling.

"It was a person I used to know in Galway when I was living with my grandmother," she said.

The smile passed away from Gabriel's face. A dull anger began to gather again at the back of his mind

— Gretta, ma chérie, à quoi pensez-vous ?

Elle ne lui répondit pas et ne s'abandonna pas non plus tout à fait à son bras. Il dit encore, doucement :

— Dites-moi ce que c'est, Gretta. Je crois savoir ce qui ne va pas. Est-ce que je le sais ?

Elle ne répondit pas tout de suite. Puis, éclatant en sanglots, elle dit :

— Oh, je pense à cette chanson, *La fille d'Aughrim*.

Elle s'arracha à lui, courut jusqu'au lit et, jetant les bras sur la barre, se cacha le visage. Gabriel resta un moment pétrifié de stupeur et puis la suivit. En passant devant la psyché, il s'entrevit en pied, avec son large plastron bien rempli, avec ce visage dont l'expression l'intriguait toujours quand il le voyait dans une glace, et avec ses lunettes cerclées d'or qui miroitaient. Il s'arrêta à quelques pas d'elle et dit :

— Eh bien, cette chanson ? Pourquoi cela vous fait-il pleurer ?

Elle releva la tête et se sécha les yeux avec le dos de la main comme une enfant. Il se glissa dans sa voix une note plus bienveillante qu'il n'était dans son intention.

— Pourquoi, Gretta ? demanda-t-il.

— Je pense à une personne d'il y a longtemps qui chantait souvent cette chanson.

— Et qui était cette personne d'il y a longtemps ? demanda Gabriel en souriant.

— C'était une personne que je connaissais quand je vivais à Galway avec ma grand-mère, dit-elle.

Le sourire s'évanouit du visage de Gabriel. Une rage sourde se mettait à s'amasser à nouveau au fond de son esprit,

and the dull fires of his lust began to glow angrily in his veins.

"Someone you were in love with?" he asked ironically.

"It was a young boy I used to know," she answered, "named Michael Furey. He used to sing that song, *The Lass of Aughrim*. He was very delicate."

Gabriel was silent. He did not wish her to think that he was interested in this delicate boy.

"I can see him so plainly," she said after a moment. "Such eyes as he had: big dark eyes! And such an expression in them – an expression!"

"O then, you were in love with him?" said Gabriel.

"I used to go out walking with him," she said, "when I was in Galway."

A thought flew across Gabriel's mind.

"Perhaps that was why you wanted to go to Galway with that Ivors girl?" he said coldly.

She looked at him and asked in surprise:

"What for?"

Her eyes made Gabriel feel awkward. He shrugged his shoulders and said:

"How do I know? To see him perhaps."

She looked away from him along the shaft of light towards the window in silence.

et les feux sourds de sa concupiscence se reprirent à rougeoyer rageusement dans ses veines.

— Quelqu'un dont vous étiez amoureuse? demanda-t-il ironiquement.

— C'était un jeune garçon que je connaissais, répondit-elle, il s'appelait Michael Furey. Il chantait souvent cette chanson, *La fille d'Aughrim*. Il était très délicat[1].

Gabriel resta silencieux. Il ne tenait pas à ce qu'elle pensât qu'il s'intéressait à ce garçon délicat.

— Je le revois avec tant de netteté, dit-elle au bout d'un moment. Quels yeux il avait! De grands yeux noirs! Et leur expression: une expression!

— Ah alors, vous étiez amoureuse de lui? dit Gabriel.

— J'allais souvent me promener avec lui, dit-elle, lorsque j'étais à Galway.

Une pensée traversa l'esprit de Gabriel:

— Peut-être était-ce pour cela que vous vouliez aller à Galway avec cette petite Ivors? dit-il avec froideur.

Elle le regarda et demanda, surprise:

— Pour quoi faire?

Devant ses yeux, Gabriel se sentit gêné. Il haussa les épaules et dit:

— Est-ce que je sais? Pour le voir, peut-être.

Son regard se détourna de lui pour suivre en silence le trait de lumière en direction de la fenêtre.

---

1. L'histoire qui suit correspond d'assez près à un épisode de l'adolescence de Nora, la mort de son jeune soupirant Michael Bodkin. Les notes préparatoires aux *Exilés* fournissent un autre témoignage de l'importance que cet épisode eut aux yeux de Joyce: voir Joyce, *Œuvres*, Bibl. de la Pléiade, p. 1776.

"He is dead," she said at length. "He died when he was only seventeen. Isn't it a terrible thing to die so young as that?"

"What was he?" asked Gabriel, still ironically.

"He was in the gasworks," she said.

Gabriel felt humiliated by the failure of his irony and by the evocation of this figure from the dead, a boy in the gasworks. While he had been full of memories of their secret life together, full of tenderness and joy and desire, she had been comparing him in her mind with another. A shameful consciousness of his own person assailed him. He saw himself as a ludicrous figure, acting as a pennyboy for his aunts, a nervous well-meaning sentimentalist, orating to vulgarians and idealizing his own clownish lusts, the pitiable fatuous fellow he had caught a glimpse of in the mirror. Instinctively he turned his back more to the light lest she might see the shame that burned upon his forehead.

He tried to keep up his tone of cold interrogation but his voice when he spoke was humble and indifferent.

"I suppose you were in love with this Michael Furey, Gretta," he said.

"I was great with him at that time," she said.

Her voice was veiled and sad. Gabriel, feeling now how vain it would be to try to lead her whither he had purposed, caressed one of her hands and said, also sadly:

"And what did he die of so young, Gretta? Consumption, was it?"

— Il est mort, dit-elle enfin. Il n'avait que dix-sept ans, quand il est mort. N'est-ce pas affreux de mourir aussi jeune que ça ?

— Que faisait-il ? demanda Gabriel, toujours ironique.

— Il était à l'usine à gaz, dit-elle.

Gabriel se sentit humilié par l'échec de son ironie et par l'évocation de cette figure revenue d'entre les morts, un garçon qui était à l'usine à gaz. Tout le temps qu'il avait été plein des souvenirs de leur vie secrète ensemble, plein de tendresse, de joie et de désir, elle l'avait mentalement comparé à un autre. Il prit brutalement conscience de sa propre personne dans la honte. Il se vit, figure ridicule servant de saute-ruisseau à ses tantes, sentimentaliste peureux et plein de bonnes intentions discourant devant des esprits vulgaires et idéalisant ses propres appétits de rustre, l'individu prétentieux et pitoyable qu'il avait entr'aperçu dans le miroir. D'instinct il tourna un peu plus le dos à la lumière, de peur qu'elle n'aperçût la honte qui lui brûlait le front.

Il essaya de soutenir le ton de l'interrogation froide, mais sa voix lorsqu'il parla fut humble et indifférente.

— J'imagine que vous étiez amoureuse de ce Michael Furey, Gretta, dit-il.

— J'étais sa grande amie à l'époque, dit-elle.

Sa voix était voilée et triste. Gabriel, sentant combien il serait vain maintenant de tenter de la conduire là où il en avait eu dessein, caressa l'une de ses mains et dit, lui aussi tristement :

— Et de quoi est-il mort si jeune, Gretta ? Phtisie, n'est-ce pas ?

"I think he died for me," she answered.

A vague terror seized Gabriel at this answer as if, at that hour when he had hoped to triumph, some impalpable and vindictive being was coming against him, gathering forces against him in its vague world. But he shook himself free of it with an effort of reason and continued to caress her hand. He did not question her again for he felt that she would tell him of herself. Her hand was warm and moist: it did not respond to his touch but he continued to caress it just as he had caressed her first letter to him that spring morning.

"It was in the winter," she said, "about the beginning of the winter when I was going to leave my grandmother's and come up here to the convent. And he was ill at the time in his lodgings in Galway and wouldn't be let out and his people in Oughterard were written to. He was in decline, they said, or something like that. I never knew rightly."

She paused for a moment and sighed.

"Poor fellow," she said. "He was very fond of me and he was such a gentle boy. We used to go out together, walking, you know, Gabriel, like the way they do in the country. He was going to study singing only for his health. He had a very good voice, poor Michael Furey."

"Well; and then?" asked Gabriel.

"And then when it came to the time for me to leave Galway and come up to the convent

— Je pense qu'il est mort pour moi, répondit-elle.

Devant cette réponse, une terreur vague s'empara de Gabriel, comme si, en cette heure où il avait espéré triompher, un être impalpable et vindicatif se dressait contre lui, rassemblant des forces contre lui dans le monde vague qui était le sien. Mais en se raisonnant il parvint à se débarrasser de ce sentiment et continua à lui caresser la main. Il ne lui posa plus de questions, car il sentait qu'elle parlerait d'elle-même. Sa main était chaude et moite : elle ne répondait pas à son contact, mais il continuait à la caresser tout comme il avait caressé la première lettre qu'elle lui avait envoyée ce matin de printemps.

— C'était pendant l'hiver, dit-elle, vers le début de cet hiver où j'allais quitter la maison de ma grand-mère pour venir ici au couvent. Et à l'époque il était malade dans sa chambre meublée de Galway et on lui interdisait de sortir et on avait écrit à ses parents à Oughterard[1]. Il déclinait, on disait, ou quelque chose comme ça. Je n'ai jamais su au juste.

Elle s'arrêta un instant et soupira.

— Le pauvre, dit-elle. Il m'aimait beaucoup et c'était un garçon si doux. Nous sortions souvent ensemble, on se promenait, vous savez, Gabriel, comme on fait à la campagne. Il allait étudier le chant, si ça n'avait pas été sa santé. Il avait une très belle voix, ce pauvre Michael Furey.

— Bien ; et alors ? demanda Gabriel.

— Et alors, quand ce fut le moment pour moi de quitter Galway pour aller au couvent,

---

[1]. Village proche de Galway.

he was much worse and I wouldn't be let see him so I wrote a letter saying I was going up to Dublin and would be back in the summer and hoping he would be better then."

She paused for a moment to get her voice under control and then went on:

"Then the night before I left I was in my grandmother's house in Nuns' Island, packing up, and I heard gravel thrown up against the window. The window was so wet I couldn't see so I ran downstairs as I was and slipped out the back into the garden and there was the poor fellow at the end of the garden, shivering."

"And did you not tell him to go back?" asked Gabriel.

"I implored of him to go home at once and told him he would get his death in the rain. But he said he did not want to live. I can see his eyes as well as well! He was standing at the end of the wall where there was a tree."

"And did he go home?" asked Gabriel.

"Yes, he went home. And when I was only a week in the convent he died and he was buried in Oughterard where his people came from. O, the day I heard that, that he was dead!"

---

1. Joyce avait d'abord écrit «Bowling Green», qui était l'adresse de la famille de Nora à Galway.

2. Le 7 août 1912, James Joyce écrivit à son frère Stanislaus : «Je suis allé à bicyclette jusqu'à Oughterard dimanche et j'ai visité le cimetière des *Morts*. Il est exactement comme je l'ima-

son état avait beaucoup empiré et on ne me l'a pas laissé voir, alors je lui ai écrit une lettre disant que j'allais à Dublin et que je serais de retour dans l'été et que j'espérais qu'il irait mieux à ce moment-là.

Elle s'arrêta un moment pour affermir sa voix et puis reprit :

— Alors la nuit avant mon départ j'étais dans la maison de ma grand-mère à Nun's Island[1], à faire mes bagages, et j'ai entendu qu'on jetait du gravier contre la fenêtre. La fenêtre était si mouillée que je n'y voyais rien, alors je suis descendue en courant comme j'étais et je suis sortie par-derrière dans le jardin et le pauvre était là au bout du jardin tremblant de froid.

— Et ne lui avez-vous pas dit de s'en retourner ? demanda Gabriel.

— Je l'ai supplié de rentrer chez lui tout de suite et je lui ai dit qu'il attraperait la mort sous la pluie. Mais il a répondu qu'il ne voulait pas vivre. Je revois ses yeux comme si c'était aujourd'hui ! Il était debout à l'extrémité du mur là où il y avait un arbre.

— Et est-ce qu'il est rentré chez lui ? demanda Gabriel.

— Oui, il est rentré chez lui. Et je n'étais au couvent que depuis une semaine quand il est mort et on l'a enterré à Oughterard[2], d'où venait sa famille. Oh, le jour où j'ai appris ça, qu'il était mort !

ginais et l'une des pierres tombales était gravée "J. Joyce". » (*Lettres*, t. II, éd. cit., p. 488.) Sans doute n'ignorait-il pas que, dans la réalité, sinon dans sa fiction, le cimetière où fut enterré Michael Bodkin est celui de Rahoon, autre localité de la région.

She stopped, choking with sobs, and, overcome by emotion, flung herself face downward on the bed, sobbing in the quilt. Gabriel held her hand for a moment longer, irresolutely, and then, shy of intruding on her grief, let it fall gently and walked quietly to the window.

She was fast asleep.

Gabriel, leaning on his elbow, looked for a few moments unresentfully on her tangled hair and half-open mouth, listening to her deep-drawn breath. So she had had that romance in her life: a man had died for her sake. It hardly pained him now to think how poor a part he, her husband, had played in her life. He watched her while she slept as though he and she had never lived together as man and wife. His curious eyes rested long upon her face and on her hair: and, as he thought of what she must have been then, in that time of her first girlish beauty, a strange friendly pity for her entered his soul. He did not like to say even to himself that her face was no longer beautiful but he knew that it was no longer the face for which Michael Furey had braved death.

Perhaps she had not told him all the story. His eyes moved to the chair over which she had thrown some of her clothes. A petticoat string dangled to the floor. One boot stood upright, its limp upper fallen down:

Les morts

Elle s'arrêta, étouffant de sanglots, et, vaincue par l'émotion, elle se jeta sur le lit en sanglotant, le visage plongé dans l'édredon. Gabriel tint sa main un moment encore, indécis, et puis, soucieux de ne pas s'immiscer dans son chagrin, il la laissa retomber doucement et se dirigea sans bruit vers la fenêtre.

Elle était profondément endormie.

Gabriel, appuyé sur son coude, regarda quelques instants, sans ressentiment, ses cheveux emmêlés et sa bouche à demi ouverte, écoutant sa respiration profonde. Ainsi il y avait eu dans son existence cet épisode romanesque : un homme était mort pour elle. Maintenant il ne souffrait plus guère à la pensée du rôle dérisoire qu'il avait, lui, son mari, joué dans cette existence. Il l'observait dans son sommeil comme s'ils n'avaient jamais, lui et elle, vécu ensemble comme mari et femme. Avec curiosité ses yeux s'arrêtèrent longuement sur son visage et sur sa chevelure : et en pensant à ce qu'elle avait dû être alors, en ce temps de sa première beauté d'adolescente, un sentiment de pitié étrange, plein d'amitié, pénétra son âme. Il ne tenait pas à reconnaître même dans son for intérieur que son visage avait perdu sa beauté, mais il savait que ce n'était plus le visage pour lequel Michael Furey avait bravé la mort.

Peut-être ne lui avait-elle pas raconté toute l'histoire. Ses yeux se dirigèrent vers la chaise où elle avait jeté quelques-uns de ses vêtements. Une bride de jupon traînait jusqu'au sol. Une bottine était debout, la tige retombant mollement :

the fellow of it lay upon its side. He wondered at his riot of emotions of an hour before. From what had it proceeded? From his aunt's supper, from his own foolish speech, from the wine and dancing, the merry-making when saying good-night in the hall, the pleasure of the walk along the river in the snow. Poor Aunt Julia! She, too, would soon be a shade with the shade of Patrick Morkan and his horse. He had caught that haggard look upon her face for a moment when she was singing *Arrayed for the Bridal*. Soon, perhaps, he would be sitting in that same drawing-room, dressed in black, his silk hat on his knees. The blinds would be drawn down and Aunt Kate would be sitting beside him, crying and blowing her nose and telling him how Julia had died. He would cast about in his mind for some words that might console her, and would find only lame and useless ones. Yes, yes: that would happen very soon.

The air of the room chilled his shoulders. He stretched himself cautiously along under the sheets and lay down beside his wife. One by one they were all becoming shades. Better pass boldly into that other world, in the full glory of some passion, than fade and wither dismally with age. He thought of how she who lay beside him had locked in her heart for so many years that image of her lover's eyes when he had told her that he did not wish to live.

Generous tears filled Gabriel's eyes. He had never felt like that himself towards any woman

sa compagne gisait sur le côté. Il s'interrogeait sur le tumulte de ses émotions une heure auparavant. De quoi avait-il procédé ? Le souper de sa tante, son discours ridicule, le vin et la danse, la scène joyeuse des adieux dans le vestibule, le plaisir pris à marcher dans la neige le long du fleuve. Pauvre Tante Julia ! Elle aussi serait bientôt une ombre qui tiendrait compagnie à celle de Patrick Morkan et de son cheval. Il avait surpris cet air hagard un moment sur son visage, quand elle chantait *En ses atours de noces*. Bientôt, peut-être, se retrouverait-il assis dans ce même salon, vêtu de noir, son haut-de-forme sur les genoux. Les stores seraient baissés et Tante Kate serait assise auprès de lui, pleurant et se mouchant et lui racontant comment Julia était morte. Il irait pêcher au fond de son esprit quelques mots pour la consoler, et ceux qu'il trouverait seraient gauches et inutiles. Oui, oui : cela n'allait pas tarder à arriver.

L'air de la pièce lui glaçait les épaules. Il s'allongea avec précaution sous les draps et se coucha près de sa femme. Un par un, ils devenaient tous des ombres. Mieux valait passer hardiment en cet autre monde, dans la pleine gloire de quelque passion, que de s'étioler et se dessécher lamentablement au fil des années. Il songea à la façon dont celle qui reposait à ses côtés avait enfermé dans son cœur pendant tant d'années cette image des yeux de son amant à l'instant où il lui avait dit qu'il ne souhaitait pas vivre.

Des larmes généreuses emplissaient les yeux de Gabriel. Il n'avait jamais lui-même rien éprouvé de tel pour une femme,

but he knew that such a feeling must be love. The tears gathered more thickly in his eyes and in the partial darkness he imagined he saw the form of a young man standing under a dripping tree. Other forms were near. His soul had approached that region where dwell the vast hosts of the dead. He was conscious of, but could not apprehend, their wayward and flickering existence. His own identity was fading out into a grey impalpable world: the solid world itself which these dead had one time reared and lived in was dissolving and dwindling.

A few light taps upon the pane made him turn to the window. It had begun to snow again. He watched sleepily the flakes, silver and dark, falling obliquely against the lamplight. The time had come for him to set out on his journey westward. Yes, the newspapers were right: snow was general all over Ireland. It was falling on every part of the dark central plain, on the treeless hills, falling softly upon the Bog of Allen and, farther westward, softly falling into the dark mutinous Shannon waves. It was falling, too, upon every part of the lonely churchyard on the hill where Michael Furey lay buried. It lay thickly drifted on the crooked crosses and headstones, on the spears of the little gate,

mais il savait qu'un tel sentiment devait être l'amour. Les larmes se pressèrent plus drues, et dans la demi-obscurité il crut voir la forme d'un adolescent debout sous un arbre dégoulinant de pluie. D'autres formes étaient à proximité. Son âme s'était approchée de cette région où demeurent les vastes cohortes des morts. Il avait conscience de leur existence capricieuse et vacillante, sans pouvoir l'appréhender. Sa propre identité s'effaçait et se perdait dans la grisaille d'un monde impalpable : ce monde bien matériel que ces morts avaient un temps édifié et dans lequel ils avaient vécu était en train de se dissoudre et de s'effacer.

Quelques petits coups légers sur la vitre le firent se tourner vers la fenêtre. Il avait recommencé à neiger. Il suivit d'un œil ensommeillé les flocons argentés et sombres qui tombaient obliquement dans la lumière du réverbère. Le temps était venu pour lui d'entreprendre son voyage vers l'Ouest. Oui, les journaux avaient raison : la neige était générale sur toute l'Irlande. La neige tombait sur chaque partie de la sombre plaine centrale, sur les collines sans arbres, tombait doucement sur le marais d'Allen[1] et, plus loin vers l'ouest, doucement tombait sur les sombres vagues rebelles du Shannon[2]. Elle tombait, aussi, en chaque point du cimetière solitaire perché sur la colline où Michael Furey était enterré. Elle s'amoncelait drue sur les croix et les pierres tombales tout de travers, sur les fers de lance du petit portail,

---

1. *The Bog of Allen*, marais situé au sud-est de Dublin.
2. Grande rivière de l'ouest de l'Irlande.

on the barren thorns. His soul swooned slowly as he heard the snow falling faintly through the universe and faintly falling, like the descent of their last end, upon all the living and the dead.

---

1. Selon le biographe de Joyce, Richard Ellmann, cette description est probablement inspirée par le livre XII de *L'Iliade*, dans la traduction de Thoreau: « Un jour d'hiver, les flocons tombent drus et rapides. Les vents se sont calmés, et la neige tombe, incessante, recouvrant le haut des montagnes et des collines, et les plaines où pousse le lotus, et les champs cultivés, et ils tombent près des criques et des rivages de la mer écumante, mais ils sont silencieusement dissous par les vagues. » En fait, Homère est en train de décrire la nuée des flèches qui s'abattent sur des guerriers. Voir également le début du récit d'aventures califor-

sur les épines dépouillées. Son âme se pâmait lentement tandis qu'il entendait la neige tomber, évanescente, à travers tout l'univers, et, telle la descente de leur fin dernière, évanescente, tomber sur tous les vivants et les morts[1].

---

niennes de Bret Harte, *Gabriel Conroy* : « De la neige. Partout. Aussi loin que pouvait porter la vue — cinquante miles lorsqu'on regardait vers le sud du haut du pic blanc le plus élevé — elle emplissait les vallons et les ravins aurifères, descendant des murs des canyons en coulées blanches comparables à des suaires, façonnant l'arête de la crête à l'image d'une tombe monstrueuse [...] Il neigeait depuis dix jours : en fins grains de poudre, en flocons humides et spongieux, en fins panaches de plume, tombant régulièrement d'un ciel de plomb, impétueusement... Mais toujours silencieusement... »

Préface de Jacques Aubert	7
Repères biographiques	19
A Painful Case / Un cas douloureux	23
The Dead / Les morts	59

DU MÊME AUTEUR

Dans la collection Folio

DUBLINOIS (n° 2439)

FINNEGANS WAKE (n° 2964)

PORTRAIT DE L'ARTISTE EN JEUNE HOMME, précédé de PORTRAIT DE L'ARTISTE [1904] (n° 2432)

STEPHEN LE HÉROS. FRAGMENT DE LA PREMIÈRE PARTIE DE « DEDALUS » (n° 670)

ULYSSE (n° 4457)

Dans la collection Folio théâtre

EXILS (n° 140)

*Composition CMB Graphic
Impression Novoprint à Barcelone (Espagne)
le 02 février 2013
Dépôt légal : février 2013*

ISBN 978-2-07-045101-2./Imprimé en Espagne.

248969